100 Things Successful People Do

成功者がしている100の習慣

ナイジェル・カンバーランド
Nigel Cumberland
児島 修訳

ダイヤモンド社

100 Things Successful People Do

by

Nigel Cumberland

First published in Great Britain in 2016 by John Murray Learning. An Hachette UK Company
Japanese translation rights arranged with Hodder & Stoughton Limited, London
Through Tuttle-Mori Agency, Inc., Tokyo

この本を、息子のゼブと、夢を実現させ、
自分自身の有意義な成功を手に入れたすべての人たちに捧げる。

「人生の川を渡る橋を架けられるのは、自分しかいない。確かに、私たちをこの川の対岸まで運んでくれる道や橋や神々は無数にある。だが、そこを渡ってしまえば、自分を失う。私たちは自力でこの川を渡らなければならない。世界には、他の誰でもない、あなたにしか行けない道がある。それがどこへ続いているのかと尋ねることなく、ただ行くがいい」

――フリードリッヒ・ニーチェ（ドイツの哲学者）

序文

真の成功とは何なのか、実現するには何をすればいいのか

私たちは皆、自分がどんな人間になりたいかを知っています。しかし残念ながら、毎日の生活の中でその理想的な人間として振る舞うことは容易ではありません。人間は習慣の生き物であり、無意識のうちに良い行動だけではなく悪い行動も取っているからです。理想の自分を目指してこの複雑な地雷原をうまく歩いていくのは、とても難しいことなのです。

そこで役に立つのが、ナイジェル・カンバーランドの最新作となる本書です。

この本は、この二一世紀の社会で公私ともに充実した人生を送るための刺激的で実用的な規範を示します。本書には、**仕事や家庭、人間関係、健康、富、老後生活など、私たちの人生の様々な側面で成功するためのヒントが満載です。真の成功とは何なのか、それを実現するには何をすれば良いのかが明確に記されています。**

本書で紹介される一〇〇個のアイデアと実践方法は、仕事とプライベートで成功を手に

入れるために入念に選ばれたものです。

私が最近の著書『Triggers：Creating Behavior That Lasts —— Becoming the Person You Want to Be』でも指摘したように、成功と失敗を分けているものは、とてもシンプルです。それは、私たちを良い行動へと導く習慣を身につけることです。ナイジェルがこの本で提案しているアイデアとその実践方法も、まさにこの習慣の大切さを訴えています。ただし、この本を読むだけでは十分ではありません。何よりも行動が大切です。本書の「実践しよう！」のセクションの内容を実践することを、強くお勧めします。

冒頭に書いたように、私たちは皆、自分がどんな人間になりたいかを知っていながら、それを実現するのは難しいと感じています。この本を読むことで、あなたは**心に描く成功を妨げているものを克服する、とても大きなチャンスを手にしています。**

ぜひ本書を読み、内容を実践して、自分を変えていきましょう。

マーシャル・ゴールドスミス（エグゼクティブ・コーチングの第一人者、ベストセラー作家）

*アメリカマネジメント協会認定、過去八〇年間において経営分野に影響を与えた五〇人の偉大な思想家・ビジネスリーダーの一人。ビジネスウィーク誌選出の「リーダーシップ育成史上もっとも影響力のある実践者」の一人。他に、「世界一のリーダーシップ思想家」「世界のビジネスリーダートップ5」、二〇一五年の「シンカー50アワード」セレモニーにおける「ナンバーワン・ビジネスリーダー」などに選出される。

はじめに

成功の可能性を最大限に引き出す「マインド」と「行動」

あなたにとって、成功とは何でしょう？　望んでいるのは、どんな成功ですか？

成功とは、目的や目標、夢、希望を実現することです。

その定義は一人ひとり違います。

ある人にとっては大きな夢でも、別の人にとっては興味のないものもあります。有名なシェフになりたい人もいれば、料理嫌いの人だっているのです。


つまり「成功した人生」とは、自分にとって大切な大小様々な夢や目標を多く達成した人生だと言えます。

そしてこの本は、あなたの成功を大きく手助けするための本です。

これから、野心的な夢から小さな目標まで、あなたが何をすれば成功を手に入れやすくなるかを、詳しく説明していきます。
まずは、自分にとって成功が何を意味するのかを考えてみましょう。
以下は、私がコーチングをしているクライアントから聞いた目標の例です。

- **会社で昇進する**
- **仕事で能力を発揮する**
- **痩せる**
- **毎晩ジョギングする**
- **本を書く**
- **健康な老後を過ごす**
- **子育てをまっとうし、孫の顔を見る**
- **心穏やかに生きる**
- **住宅ローンを完済する**
- **資格を取る**
- **後悔せずにやりたいことをする**

・家族や仲間との時間を大切にする
・外国語を学ぶ
・病気を治す
・貯金をする
・仕事を愛し、ストレスなく働く
・いま手にしているものに満足して生きる

本書を読み進める前に、まずは自分の目標や夢が何かを一覧にしておきましょう。順番は気にせず、心に浮かんだものを書き出します。

目標や夢は、いくらでも浮かんでくるはずです。その日の気分によっても変わります。一つの山の頂上に立てば、別の山々の景色もそれまでとは違って見えてくるものです。目標の優先度も、一つを達成したことで変わっていきます。

本書でこれから紹介する「成功者がしている100の習慣」は、仕事や人間関係、育児、マネー、健康、老後生活など、あらゆる領域であなたの夢や目標の達成に役立ちます。

一〇〇の習慣は、それぞれを二つのセクションに分けて説明していきます。

前半のセクションでは習慣のポイントを説明します。

後半のセクションではその習慣の具体的な実践方法を紹介します。今日からでも始められる、成功の可能性を最大限に引き出す「マインド」と「行動」にぜひ取り組んでみてください。

本書で紹介する習慣のなかには、当たり前のように感じられるものもあれば、新鮮に感じられるものもあるでしょう。いずれにしても、大切なのは頭で理解するだけではなく、実践することです。新しい習慣をつくることは、あなたを成功に導く「心のソフトウェア」を書き換えるようなものなのです。

本書で紹介する**「成功者のマインドセット」を普段から意識し、行動に結びつけている人はわずかしかいません。**

そしてそのわずかな人こそが、成功者なのです。

本書で紹介する習慣は、すぐにでも実践してみたいと思うものもあれば、そうでないものもあるはずです。どんな習慣に興味を持つかは、あなたの現在の状況と強く結びついているからです。「今の自分にはあまりピンとこないな」と思ったトピックは読み飛ばしても構いません。しばらくして興味が湧いてきたら、またページを開いてみてください。

なぜ著者は成功に関心を持つようになったのか？

本書のアイデアは、一五年以上にわたり世界中の様々な人々にコーチングをしてきた私の経験から生まれました。大勢の人々とそれぞれが抱える問題の解決に取り組むなかで、私は成功する人には年齢や分野を問わず共通する習慣があることに気づきました。

その習慣を最重要の一〇〇個に厳選し、読者のみなさんの成功に役立つ情報としてお届けするのが本書です。

私自身、本書の内容の実践に取り組んできました。五〇年の人生のなかで、私は失敗や挫折を通して学びながら、次のようなことを成し遂げてきました。

・幸せな結婚をし、二人の素晴らしい子供を育てている（一六歳の息子、二四歳の継娘）。

・ケンブリッジ大学で職を得て、二六歳のときにはＦＴＳＥ一〇〇企業の支店のファイナンスディレクターに昇格。

・世界を旅するという夢を実現し、合計二六年間を八カ国で暮らした。

・共同創業者として起業した会社を成功させ、数百万ドル規模で売却した。
・著者、講演者として豊富な実績を積んだ。
・コーチングを通して世の中の人たちの役に立ちたい、という願いを実現させた。
・自分自身であること、人生で手にしたことに満足する術を学んだ（これはおそらく私の人生にとって最大の成功です）。

私は、読者であるあなたが成功を手にすることを心から願っています。

そして、本書で紹介する習慣やその実践方法は、あなたが夢や目標を実現するために必ず役に立つと確信しています。

では、さっそく今日からあなたを成功に近づける習慣を見ていきましょう。

成功者がしている１００の習慣　目次

成功者の習慣 1

夢を持っている

Follow your dreams

成功する人は夢を追い求め、成功しない人は現実に流されている

「夢を持てば人生は豊かになる。好きなことに熱中し、夢を追い求めれば、それだけで人生は楽しくなる」

――リチャード・ブランソン（ヴァージン・グループ創業者）

夢は成功の燃料です。

夢がなければ、意義ある成功は手に入りません。エンジンの性能がいくらよくても、燃料がなければ車が走らないのと同じです。

成功の陰には、必ず夢の実現があります。幼い頃からの夢や大人になって目覚めた夢。

どんな夢であれ、それは成功者が目標に向かって突き進む原動力になっているのです。

夢があるからこそ、人は不可能なことの実現を信じ、人生を根本から変え、安全圏から脱け出し、リスクをとって挑戦できるのです。

大人になると、私たちは自分が一番好きなことから目を背けてしまいがちです。世間的な考えに流され、大きな夢に正面からチャレンジする気持ちを失ってしまうのです。私自身、少年時代は地理が大好きだったのに、大学では就職に有利な経済学を専攻し、会計士としてのキャリアをスタートさせました。今でもたまに「あのまま地理学者を目指していれば、今頃どうなっていただろう?」と思うこともあります。

アップル社の創業者スティーブ・ジョブズでさえ、名門大学を退学してまで自分のやりたいことを目指しました。

成功者は、夢を忘れません。他人の意見や世間体に流されずに、自分の心に正直に従った選択をします。

成功のための**格言**

成功の陰には、必ず夢の実現がある

Behind every successful person there is a dream fulfilled.

Put it into action
実践しよう！

□自分の夢を把握する

あなたの夢は何でしょう？　実現し、達成したい目標は？　言葉や写真、イラストを組み合わせ、「やりたいことリスト」をつくりましょう。アイデアを結びつけたり、忘れかけていた目標や願望を思い出したりするのにも役立ちます。次の質問に答えてみましょう。

- **幼い頃に好きだったことや、将来なりたかった職業は？**
- **お金のことを第一に考えなくてもいいとしたら、どんな生活や仕事がしたい？**
- **現在、時間があったらもっとしたいと思っている楽しいことは？**
- **身近な人の暮らしぶりを見て、羨ましいと感じるのはどんなところ？**

□楽観的に夢の実現を信じる

夢の実現を目指そうとすると、不安や否定的な考えが浮かんでくるかもしれません。「もう年をとりすぎている」「家庭もあり、住宅ローンも抱えている。人生を変えるような挑戦なんてできない」「どうせ誰も助けてくれない」

しかし、成功者は「困難に出合わなかった」から成功したのではありません。むしろ、「夢を諦める理由は探せばいくらでもある」と誰よりも自覚していたからこそ、最後まで粘り強く目標を目指し続けられたのです。夢を実現しようとするなら、挑戦を諦めるのがいかに簡単かを知ったうえで、前進するための力と勇気を探さなければならないのです。

□夢を実現するための解決策をつくる

本書の残りの九九個のトピックは、夢の実現を目指すうえで欠かせない道具や解決策になります。ポイントは、「現在地と目的地を理解し、ギャップを埋める方法を探ること」。身近な人の力を借りながら、達成を目指していきましょう。

成功者の習慣 2

人の力を借りている

Ask for help

成功する人は恥ずかしがらずに「わかりません」と言い、成功しない人は自分の無知を認めない

「自分を笑い飛ばせず、大きく見せようとしてばかりの人は滑稽に見える」
――ヴァーツラフ・ハヴェル（チェコの劇作家）

知ったかぶりをせず、「わかりません」と言うのは勇気がいります。しかし、傲慢にならず、謙虚に自分の無知を認められるのは、成功に欠かせない価値ある態度です。

「わからないことを素直に他人に尋ねる」ことほど、成功に役立つスキルはありません。完璧であろうとするほど、物事はうまくいかないものです。知らないことやできないこ

とを潔く認め、頭を下げて教えを請えば、自然に周りの人が助けてくれるようになります。私たちは家庭でも職場でも、「何でも知っていなければならない」という大きなプレッシャーを感じ、本当はわからないのに、わかっているふりをしようとしてしまいます。わからないことがあったら、会話の途中でも、正直にそれを相手に伝えましょう。それまでの自分の言動と矛盾するからといって、人の意見に耳を閉ざしてはいけません。

成功する人たちは、間違いや無知を積極的に認めます。人生では何が起こるかわかりません。常に正しくあり続けることなどできないのです。

成功のための**格言**

完璧であろうとするほど、物事はうまくいかなくなる

If you aim to be perfect, you'll only end up disappointed.

実践しよう！

Put it into action

□自分の死角を意識する

次の質問に答えてみましょう。

「自分の考えを頑固に主張してばかりいないか？　視野が狭くなっていないか？　配偶者や恋人との口論に勝とうとしたり、年下の人の言うことに耳を傾けようとしなかったり、〝どんなことをしてでも勝つ〟という考え方で生きていないか？」

柔軟な心で、思考や行動を変えていきましょう。日々、「見逃していることはないか？」と考えるのを習慣化します。

□他人に欠点を教えてもらう

自分で自分の死角に気づくのは簡単ではありません。家族や友人、同僚の助けを借りて、自分には見えていないところを指摘してもらいましょう。周りにダメ出しをしてくれる人がいないと、私たちは簡単に裸の王様になってしまいます。耳が痛いと思うこともあるでしょうが、世間の笑い者になるよりはマシです。

□自分を笑い飛ばす術を身につける

成功する人は、自分を大きく見せようとはせず、自分の失敗や間違いを笑いのネタにできます。謙虚に振る舞い、いつでも自分を笑い飛ばせるようにしておきましょう。

成功者の習慣 3

未来をつくる

Create your future

成功する人は自ら未来をつくり、成功しない人は未来を運に任せる

「未来は向こうからやってくるものではない。それは私たちが創り出すものだ」

——レオナルド・スウィート（アメリカの神学者）

成功する人は、決して偶然や運命に頼りません。一見すると、成功者は運がいい人のように思えます。「いいタイミングで、いい場所にいたから成功したのでは？」と見えてしまうのです。しかし、実際にはその運をつかむための長年の努力があったことを見逃してはいけません。成功者とは、運を実力でつかみとる人たちのことなのです。

夢や計画を持っているだけでは十分ではありません。計画の実現を目指すには、「運や運命に左右されずに、自分の未来をつくる」と本気で信じなければならないのです。それは、正しいマインドセットを持ち、将来を自分の手でコントロールしていくということです。忍耐強く懸命に努力をし、犠牲にすべきものは犠牲にして、リスクをとり、すべきことを実行していかなければなりません。

現実に流されず、未来を自分の手で変えていきましょう。責任から逃げ、言い訳をし、不運を嘆き、周りのせいにするのは簡単です。いま成功していなければ、どうせ将来もこのままだと思ってしまうのも人間です。しかし、現在とは違う未来を望むのなら、「運命には逆らえない」という思考を乗り越えなければなりません。

成功者の多くは、目標を達成するために逆境を克服しなければなりませんでした。あのウィンストン・チャーチルでさえ、イギリスの首相に就任する前に長年政治家として失敗や挫折に苦しんでいました。

過去に未来を決めさせてはいけません。現在あなたが考え、感じていることが、未来に大きな意味を持つのです。

成功のための**格言**

成功者とは、運を実力でつかみとる人たちのこと

...every piece of good fortune is the result of hours, or even years, of hard work and preparation.

Put it into action

実践しよう！

□他人のネガティブな言葉に気をつける

自分の夢を家族や友人、同僚と分かち合うときは、注意が必要です。世の中には、グラス半分の水を見て「半分も入っている」と考える人よりも、「半分しか入っていない」とネガティブに考える人のほうがはるかに多くいます。あなたの夢の話を聞いても、「冗談でしょう?」「そんなの、うまくいくわけないよ」といった否定的な反応をします。嫉妬心にかられる人も少なくありません。他人に夢を理解してもらうには時間がかかります。あなたの夢が本物なら、きっといっ

かは周りに理解してもらえます。ですから、ネガティブな反応を真に受けたり、くじけたりしないように注意しましょう。

あなたの夢を支えてくれる人たちを大切にしましょう。夢を育めるような環境に身を置きましょう。

□夢を妨げるモノの正体を見極める

あなたは「素晴らしい未来を創造できる」と心から信じていますか？　信じられなければ、夢の実現は困難です。この壁を乗り越える秘訣は、ネガティブな考えがどこから生じているかをはっきりさせることです。その原因と思われるものを、すべて書き出しましょう。未来を変えるために何かに挑戦しようとすれば、最悪の事態が頭に浮かび、不安になってしまうのも当然です。信念を持てない理由がはっきりしたら、否定的な状況の中でも前向きな考えを抱けるように、思考の枠組みを調整します。たとえば、「会社をクビになること」を、「自分の新しい可能性を開くチャンス」ととらえてみるのです。

将来の計画や夢について、一番不安に感じることは何かを考えてみましょう。最悪の事態を想定し、それが本当に起こったときにどうなるかを冷静に考えてみましょう。

そして本当に、それが未来をつくることを妨げる理由になるかを考えるのです。

成功者の習慣
4

心の知能指数（EQ）を高く保っている

Be emotionally intelligent

成功する人は相手の立場で物事を考え、成功しない人は自分の立場で物事を考える

「人生とは、出来事が一割、それへの反応が九割だ」

――チャールズ・R・スウィンドル（アメリカの牧師）

何も考えずに暴言を吐く、すぐにカッとなって頭に血が上る、嫉妬心から誰かを傷つけるような態度をとる――感情のコントロールができない人は、せっかくの成功のチャンスを逃してしまいます。ちょっとした感情の狂いが、人生の勝者になるか敗者になるかの分かれ目になります。

心の知能指数（ＥＱ）の低さを示す例は、私たちの身近にあります。電車やバスの中で言い争いをしている人、人目を気にせず子供をキツく叱りつける親、汚い言葉で上司を罵りながら辞表を叩きつける従業員。

高いＥＱは、バランスのとれた、充実した人生を送るために不可欠です。それは恋愛や家庭、職場での人間関係を良好に保つために欠かせません。たった一度、感情を抑えきれなかったことで、仕事や結婚を台無しにすることは十分にありえます。

厨房でスタッフに怒鳴り散らすことで有名な毒舌シェフ、ゴードン・ラムゼイのようになりたい人はいないでしょう。でも、実際に他人を悲しませたり、傷つけたり、恐れさせたりしないようにするのは簡単ではありません。怒りを感じたときは、感情に任せて衝動的な言動をとらないように、コントロールする術を学ばなければなりません。感情を爆発させて周りに迷惑をかけてしまえば、そのことを申し訳なく思いながら生きていくことになってしまいます。

ＥＱや共感が高い人は、他人の立場で物事を考えます。感情に流されないので、問題に冷静に対処できます。それは周りの人を幸せにし、成功を引き寄せる態度であり、生き方なのです。

成功のための**格言**

高いEQは、バランスのとれた、充実した人生を送るために不可欠である

EQ is an essential ingredient of a balanced and fulfilled life.

Put it into action

実践しよう！

□ 間を置いて反応する

感情的になって反射的に行動を起こし、後悔するという負のサイクルを抜け出しましょう。誰かの言動に怒りがこみ上げてきたときも、すぐには反応しないことを習慣づけましょう。立っているのなら、椅子に腰を下ろします（人間は座っているときのほうが冷静でいられます）。相手に反応を求められているときは、「少し考えさせてほしい」と返しましょう。

疲労やストレスが溜まっていると、感情的な反応をしがちです。感情が抑えきれないときは、一晩眠ってから反応するようにするとよいでしょう。誰かに書きづらいメールを書かなければならないときは、いったん下書きを書いてから一日寝かせ、見直してから送るようにすることをお勧めします。

□共感する心を持つ

他人に共感し、相手の意図を理解できることは、極めて価値の高いスキルです。このスキルがある管理職は高く評価され、部下から好感を持たれます。あなたの身近にいる、こうした人物を思い浮かべてみましょう。

真の共感は、受け身の態度からは生まれません。積極的に相手を知ろうとする姿勢が求められます。時間と労力をかけて、相手を理解しようと努めましょう。その人が何を感じ、どう物事に対処しているかを尋ねるのです。「身近な人だから、何も言わなくてもわかり合えている」という考えもよくありません。身の回りにいる家族や同僚に、もっと細やかな注意を向けることを習慣づけましょう。

成功者の習慣
5

人と逆のことをしている

Do the opposite

成功する人はぶれない自分を持ち、成功しない人は周りに流される

「世間一般の行動を観察し、その逆をとれば、人生で間違うことはない」

――アール・ナイチンゲール（アメリカの作家）

世の中の人は、みんなが成功しているわけではありません。逆に言えば、成功者は、どこかで普通の人たちと違うことをしています。「人と同じ」で満足せず、本当に大切な行動に集中しているのです。

ただし、ただ人と違うことをすればいいわけではありません。誰もが通る道が、一番の近道だというのはよくあることです。だからこそ、逆を張るべきときの選択が重要になってきます。例を挙げましょう。

- **ライバルが遊んでいるときに、勉強をする。**
- **人気が落ち、世間の注目を浴びなくなったものの中から、価値があるものを見つける。**
- **「定期的な運動と健康的な食事」という「わかっていても実行が難しいこと」に取り組む。**
- **「会社を辞めて独立する」といった、誰もが語るだけで実行しない夢を実現させる。**

世間と反対のことをすれば、不安や孤独も感じるでしょう。簡単なことではありませんが、信念を貫けば、周りは力になってくれます。

成功のための**格言**

成功者は、どこかで普通の人たちと違うことをしている。「人と同じ」で満足せず、本当に大切な行動に集中しているのだ

Success can take many forms and it is often about standing out from the crowd or being above average...

Put it into action
実践しよう！

□我が道を行く

世間体を気にするのはやめましょう。自分のしていることを全員に理解されなくてもかまわないと気楽に考えるのです。たとえば会社を辞めて自分の好きな道に進むと決めたら、「何を馬鹿なことを考えているんだ」という目を向ける人が必ず現れます。しかし信念があって行動しているのなら、外野の声にいちいち惑わされる必要などありません。

□いつもとは逆のことをしてみる

あなたの人生で、望む結果が得られていないエリアに注目しましょう。同じことを何度も繰り返し、同じ結果しか得られていないのではないでしょうか？　今までとは違う結果を得るために、何か違うことができないか考えてみましょう。以下に例を示します。

・毎年「昇進する」という目標を立てているが、三年経っても実現できない。上司と率直に話をし、何が足りないのか尋ねてみる。配置換えや転職を検討してもいいかもしれない。
・貯金をしたいが、月末になるといつも手元に金が残っていない。給料が振り込まれた時点で自動的に積み立てをすれば、無駄遣いを防げるかもしれない。
・婚活パーティーなどに参加しているが、いい出会いがない。スポーツや趣味の集まりに参加するようにすれば、自然な出会いの機会を増やせるかもしれない。

成功者の習慣 6

仕事を遊びに変えている

Turn work into play

成功する人は仕事を楽しむ努力をし、成功しない人は仕事が嫌だと不満を言う

「大好きな仕事をしよう。朝、心を躍らせてベッドから飛び起きる毎日を過ごそう。世間体を気にして楽しくない仕事を続けていると、心は失われる」

——ウォーレン・バフェット（投資家）

仕事を楽しんでいますか？　朝、会社に向かうときに喜びを感じていますか？　「ノー」と答えたのなら、それはあなただけではありません。アメリカ人の五二％が職場で楽しさを感じておらず（二〇一四年の全米産業審議会の調査）、イギリス人の二三％が転職を検

討中で、三分の一しか真剣に仕事に取り組んでいません（最近のCIPDの調査）。仕事への不満はストレスやうつ病につながります。ラッシュアワーの通勤電車で疲れて悲しそうな顔をしている人が多いのも、この現実を物語っています。

仕事が人生のごく一部なら、たいした問題ではないかもしれません。しかし残念ながら、私たちは日中の大半を仕事に費やしています。一日八時間、週五日労働なら年間約二〇〇〇時間。さらに、通勤や残業などにも時間をとられています。

仕事への不満を抱える人たちは大勢いて、「退屈」「面倒」「ストレス」「苦痛」といったネガティブな言葉でそれを表現します。引退したり、遺産で大金を相続しない限り、人は働かなければなりません。だからこそ私たちには、仕事をできる限り前向きで楽しいものにする責任があるのです――「仕事」とは思えないほど、楽しいものに。

成功のための**格言**

私たちには、仕事をできる限り前向きで楽しいものにする責任がある

You owe it to yourself to ensure that your working day can be as positive and enjoyable as possible...

Put it into action

実践しよう！

□仕事を面白くする

楽しく、没頭できるような仕事をしましょう。不得手な仕事は、得意な人に任せましょう。上司には積極的に相談しましょう。部下が労働意欲を失うのを望んでいる上司はいません。仕事内容を変えられないのなら、心構えを変えましょう。仕事のことを、「退屈」「面白くない」と思わないようにします。ポジティブな側面に目を向け、コップ半分の水を「あと半分」ではなく「まだ半分」あると考えるのです。

□職場が楽しくなる工夫をする

職場を気持ちがウキウキする、楽しい場所にしましょう。同僚と積極的に話をして、良いところは真似をしましょう。楽しさを感じる場所には次のような特徴があります。

- **従業員に笑顔が多く、会話が弾み、前向きで、親切で、お互いを尊重している。**

・コーヒーを飲んだり、気晴らしをしたりするためのエリアがある。

たしかに、仕事には退屈で面倒な側面もあります。しかし職場に「楽しく働くための工夫」が凝らされていれば、気分は高められるのです。

□どうしても無理なら環境を変える

いくら試みても仕事が楽しいと思えないのなら、転職を検討してもいいでしょう。働くことに喜びを感じられる職場で、自分に合った仕事をしましょう。人生は、不幸な気持ちで延々と働き続けてもいいほど長くはないのです。

成功者の習慣
7

朝に一日の計画を立てている

Start each day well

成功する人は朝を制することで一日を制し、成功しない人は朝から遅れをとることで一日に敗れる

「鏡に映る自分に、にっこりと微笑む。毎朝そうしていると、人生に大きな変化が起こる」

――オノ・ヨーコ（日本の前衛芸術家）

毎朝の過ごし方がまずいと、成功は遠のいていきます。一日をどう始めるかは、あなたの人生が成功するかどうかの大きなカギを握っているのです。何事も、初めが肝心。仕事に限らず、料理でもスポーツでも、良いスタートを切ることができれば、その勢いを持続できます。朝を制する者は、一日を制するのです。

朝をだらしなく始めることへの言い訳はいくらでもできます。気分が憂鬱だ、寝不足だ、雨の中を通勤しなければならなかった――。しかし「一日の始め方が悪くても、最後に辻褄が合えばいいや」という考えが習慣になると、とても危険です。週末の朝も同じ。「貴重な自分の時間」を過ごすか、ダラダラと時間を無駄にするかで、人生には大きな差がつきます。

成功のための**格言**

毎朝の過ごし方がまずいと、成功は遠のいていく

Start each day badly and you wave success goodbye.

Put it into action
実践しよう！

□朝の良い習慣を取り入れる

・いつもより三〇分早起きし、余裕を持って一日を始める（瞑想やヨガをするのもいい）。
・ゆっくり朝食を摂る。一日を活動的に過ごすにはエネルギーが必要。家族がいるなら、一緒に食べる。笑顔で、相手の目を見て、調子を尋ねる。前日の嫌な気分は引きずらない。
・ストレスなく通勤できる工夫をする（音楽を聴く、読書、眠る）。
・職場に早く到着し、同僚に挨拶する。時間をかけて一日の計画を立てる。コーヒーを用意するのも忘れずに。
・朝が弱い人は、家庭でも職場でも不機嫌にならないように気をつける。

成功者の習慣
8

過去といい関係を築いている

Make friends with your past

成功する人は過去を冷静に見つめ直そうとし、成功しない人は過去をネガティブにとらえて自分を苦しめている

「世間では、忍耐が人を強くすると考えられている。だが、手放すことが重要なときもある」

——ヘルマン・ヘッセ（ドイツの作家）

過去は変えられません。変えられるのは、自分の考えや感情だけです。私たちはよく、過去の嫌な出来事を思い出しては後悔します。ミスに罪悪感を覚えたり、誰かに言われた言葉に傷ついたりします。

誰もが、こうした後悔や罪悪感を抱えて生きています。それは、現在のあなたの成功を妨げる壁になってはいないでしょうか？　あなたは、過去の過ちを繰り返すことを恐れてはいませんか？　そんなことはない、と思った人でも、無意識のレベルでは過去を引きずっているはずです。まったく過去のことを気にせずに生きていくことなど、誰にもできないのです。記憶に偏りがないように注意しましょう。悪いことばかり思い出さないようにするのです。以下のように、実際に起こったことを思い込みで記憶し、いつまでも傷ついたり腹を立てたりしていることもあります。

・子供の頃、親にかまってもらえなかったと感じている（実際は、親は子供に自分で判断する余地を与えていただけだった）。
・上司の厳しさに耐えられず仕事を辞めてしまったことを後悔している（実際は、その上司はどんな部下に対してもひどい嫌がらせをする人間だった）。

成功のための**格言**

過去は変えられない。変えられるのは、自分の考えや感情だけである

You cannot change your past, only the way you think and feel about it.

実践しよう！

Put it into action

□過去を見つめ直す

自分をごまかさず、勇気を持って過去に目を向けてみましょう。私には、離婚後二〇年も子供たちと会っていなかった友人がいました。本人は平気な素振りをしていましたが、私には彼が寂しげでふてくされているように見えていました。その後、彼は「ずっと辛かった」と打ち明けてくれました。それからは、子供たちと定期的に会うようになったのです。

□思い込みを正す

人は、辛い過去の出来事を実際以上に悪いものだと記憶していることがあります。冷静になって、その出来事をとらえなおしてみましょう。家族や友人と話をしたり、必要に応じて専門家に相談したりするのもいいでしょう。自分が思っているほどたいした出来事ではなかったと気づくかもしれません。過去を正確にとらえられなければ、前進はできません。

□心のわだかまりを解きほぐす

心から重荷を下ろすために、できることをしてみましょう。誰かと過去の出来事について話し合うのもいいでしょう。嫌な記憶がよみがえることになるかもしれませんが、長い間抱えていたわだかまりが解ければ、心は驚くほど軽くなります。

□過去の体験を未来に活かす

過去を見つめ直したことで得られる教訓はないかを考えてみましょう。自分の行動パターンが見えてくることもあります。これまで避けていたことはないか、自分をわざと苦しめるような言動はとっていなかったか、分析してみましょう。

成功者の習慣
9

十分な休養をとっている

Take breaks

成功する人は上手に休んでリフレッシュし、成功しない人はズルズルと働き続ける

「誰でも、日頃抱えている様々な問題を忘れ、一切から解放される時間をつくるべきだ」
――マヤ・アンジェロウ（アメリカの詩人）

イギリスでは有給休暇をすべて消化する人は全体の五〇％。休日に仕事をしている人は四五％もいます（二〇一四年のハリス世論調査）。ストレスや疲労、燃え尽き症候群で悩む人が増えているのも無理はありません。十分な休養をとらなければ、キャリアが危険にさらされてしまうというプレッシャーもあります。私も二〇代後半、香港でファイナンス

ディレクターをしていたとき、何カ月も休みなく毎日夜遅くまで働いていたことがあります。結局、強いストレスを感じ、心が燃え尽き、仕事を辞めてしまいました。まるで、トレッドミルを何時間も全力で走っていて、最後に転げ落ちたような感覚でした。

あなたは毎日、どれくらい休養をとっていますか？　十分に休まないと、生産性は低下します。作家のスティーブン・コヴィーは、木を切るにはのこぎりの刃を研がなければならないと書いています。仕事ばかりしていると、刃は鈍くなり、役に立たなくなってしまうのです。

私もこの本を書きながら、集中力が切れたと感じたら、こまめに休養をとり、元気を取り戻して再び執筆に集中するようにしています。

長い休暇をとれば、自分にとって何が重要か、本当にやりたいことは何かを、じっくりと考えられます。日常から離れて自分を客観視すれば、新しいアイデアも湧きやすくなるのです。

成功のための格言

十分に休まないと、生産性は低下する

Too few breaks can kill your productivity.

Put it into action

実践しよう！

□細かく休憩をとる

家事でも仕事でも、こまめに短い休憩を入れると、集中力を保ちやすくなります。「二五分作業したら五分休憩し、二時間ごとに長い休憩をとる」という、イタリア人起業家フランシスコ・シリロが考案した「ポモドーロ・テクニック」という時間管理のテクニックを実践してもいいでしょう。同じような方法を会社全体で実践すれば、会議や各自の作業が無駄に長引くのを防げます。

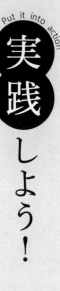

□長い休暇をとる

有給休暇はできるだけ消化しましょう。一度にまとめてとっても、何度かに分けてもいいでしょう。仕事ばかりしていると、あっという間に人生が過ぎ去ってしまいます。休暇をとることに罪悪感を覚えてはいけません。先を見越して計画を立て、しっかりと引き継ぎをし、「自分がいなければ仕事が回らない」という考えを忘れましょう。休暇中は仕事のメールをチェックしないようにします。どうしても必要なら、たとえば一日に一回などとルールを決めて、重要な留守電メッセージやメールが来ていないかを確認します。会社がこのような「つながらない権利」を認めていないのであれば、上司に相談して妥協点を探しましょう。休暇中にどれくらい仕事と関わるか、勇気を持って自分の納得のいくルールを決めましょう。

□週末はしっかり休む

週末の休みにも「自分ルール」を設定します（たとえば「留守電とメールをチェックするのは一回か二回だけ」というふうに）。ズルズルと会社の仕事を引きずってしまうと、月曜日の朝に元気いっぱいで仕事に戻れなくなります。

成功者の習慣 10

一生、学び続けている

Be a student of life

成功する人は絶えず新しい何かを学び、成功しない人は古い知識にしがみつく

「二一世紀の文盲とは、読み書きのできない人ではなく、学ぶことも、それまでの知識を捨てることも、学び直すこともできない人のことである」

――アルビン・トフラー（アメリカの作家、未来学者）

「学びをやめるのは、死の始まりだ」――アルベルト・アインシュタインの名言です。

私は二〇代のときに初めてこの言葉を聞いたとき、馬鹿げていると思いました。しかし、それは大きな間違いでした。学びと成功は表裏一体です。学校を卒業したら、学びは終わ

りだと考えてはいけません。私は大学を卒業し、「これでやっと勉強から解放された」と言ったときに、祖母に笑ってこう返されました。「人生では常に教わることばかりだから、学びは決して終わらないのよ」

学びとは、学習という行為そのものだけではありません。それは未知のことに耳を傾け、心を開くという「態度」であり、昨日までの考えを捨てる勇気を持つという「心構え」なのです。ファイナンスや子育て、健康管理、職場の人間関係など、学ぶべきテーマは身の回りにいくつでもあります。人生は大学です。どんな体験からも、新しいアイデアや知識、考え方を学び取れます。過ちや苦しみからも、多くのことを学べます。最大の教訓は、最悪の体験に隠されています。

新しいことを学習し、知識と知恵を広げ、深めていく——学びは、それ自体が成功です。退屈で簡単な何かをしているときでも、それを新たな学びの機会だととらえなおしてみましょう。きっと、何か新しい発見があるはずです。

成功のための**格言**

「学びをやめるのは、死の始まりだ」

'Once you stop learning, you start dying.'

Put it into action

実践しよう！

□知識をアップデートできているか、定期的に確認する

現代では、情報は絶えず進化しています。今日は有効だと思えた知識が、明日は時代遅れになっているのです。新しいプロセスやアイデア、製品など、必要な情報を絶えず更新できているか、意識的に確認しましょう。

これは人間関係にも当てはまります。あなたを取り囲む人たちも、絶えず変化しています。毎日顔を合わせている人の細かな変化にも注意を向けましょう。これは、新型のテレビのマニュアルを読むよりも難しいことです。

□今日何を学んだかを記録する

一日の最後に、「今日学んだこと」を日記に書き出しましょう。その学びが、将来の成功にどう役立つかを考えてみましょう。この自問を日課にすることで、学びは深まり、多くの気づきが得られるようになります。

物事がうまくいかなかった日は、教訓を得るチャンスです。失敗から何を学べるか、じっくりと考えてみましょう。

□通学、資格試験に挑戦する

何かを専門的に学ぶことを検討しましょう。人生の目標を達成するために、どんな学習が役立つでしょうか（会計やインテリアデザイン、教職、管理栄養士）。趣味の分野でも同様です。料理は好きだが専門的に習ったことがないなら、料理のクラスに参加してもいいかもしれません。海外旅行をもっと楽しくするために、外国語を学ぶのもいいでしょう。

成功者の習慣 11

直感を信じている

Trust your gut

成功する人は「直感」というスパイスを活用し、成功しない人は理屈だけで動く

「理屈で考え、直感に従わないと、物事がうまくいかなくなる」

――アンジェリーナ・ジョリー（アメリカの女優、映画プロデューサー）

直感は「成功の秘密兵器」です。あなたはどのくらいの頻度で、心の声に耳を傾けていますか？　例を挙げましょう。

「いくつかの候補のうち、一つが特別なものに感じられる」

「何かを選んでみたが、どうにもしっくりこない」

「この人と一緒にいると、落ち着かないし、嫌な予感がする」

「危険を感じ、この場から離れたいという気持ちがする」

「自分がしていることについて、何かがおかしいと感じる」

誰でも、「この相手、状況、判断について、自分は本音ではどう思っているのだろう?」と考えてみたことがあるはずです。直感を信じることは、職場に限らず、様々な場面で私たちにメリットをもたらしてくれます。心の声が、外野のノイズで打ち消されてしまうのは危険です。他人の意見を優先させてしまうことになるからです。

自信を持って、自分の心の声に従いましょう。成功者は、直感を信じるべきタイミングを知っています。マイクロソフトの創業者ビル・ゲイツも、直感の大切さを力説しています。決断を迫られたときは、できる限りの情報を集めて検討したうえで、直感にも耳を傾けるべきだと言うのです。ジャーナリストのマルコム・グラッドウェルも、直感と熟考をうまく組み合わせてバランスをとることが重要だと述べています。

成功のための格言

直感は「成功の秘密兵器」

Gut feeling is your secret weapon for success.

Put it into action

実践しよう！

□合理的な考えに固執しない

「直感に従う」という考えなど、馬鹿げていると思っている人もいます。特に、エンジニアや会計士など、合理的な思考が求められる仕事に携わっている人は、直感や感情に耳を傾けることに抵抗を覚えがちです。心の声ではなく、事実のみに目を向けることに慣れているからです。

理屈ではなく直感を信じたことが正しかったと思えたケース、逆に直感を無視して理屈を優先させた結果、失敗してしまったケースを思い出しましょう。もちろん、事実に基づいた論理的で慎重な思考をやめる必要はありません。直感とのバランスを意識すればいいのです。

□静かに心の声に耳を澄ませる

静かな場所で心を落ち着かせ、直感に耳を澄ましましょう。頭に浮かぶ雑念にとらわれないようにします。瞑想のクラスに参加するのもいいでしょう。慣れてきたら、自宅で自分一人、またはパートナーと一緒に瞑想しながら、心の声に耳を傾けてみましょう。

成功者の習慣 12

ストレスにうまく対処している

Banish your stress

成功する人はストレスの元を絶ち、成功しない人はストレスに押しつぶされる

「ストレスは現代人にとってのゴミのようなものだ。誰でも、生きていれば必ずストレスを感じている。だが、ゴミ箱を空にするようにきちんとストレスを処分していなければ、積み重なって人生に悪影響を及ぼす」

——テリー・ギルメッツ（アメリカの作家）

ストレスは、あなたの人生を壊しかねません。夢や幸福は奪われ、健康は失われ、家庭は崩壊し、キャリアプランは台無しになります。ストレスは、何かがうまくいかないときに、様々な形で襲いかかってきます。上司からのプレッシャー、終わらない残業、辛い満員電車、夫婦喧嘩、職業上の悩み、一人の時間の少なさ、子供の教育や健康の問題――。
一方、身体に症状が現れるまでストレスを受けていることに気づかないケースもあります。ストレスの原因は人によって様々ですが、症状には次のような共通点があります。

・元気が出ない　・抑鬱　・食欲がない　・疲れやすい　・腰痛　・過敏性
・不眠症　・怒りやすくなる　・目のかすみ　・だるさ、無気力　・頭痛

私の父はよくこう言っていました。「今日ストレスを感じていても、一年後には何があったかすら覚えていないさ。だから、気にすることなんてない」。でも、残念ながら私たちはそれがわかっていながらストレスを感じてしまうのです。大切なのは、ストレスをまったく感じないようにすることではなく、ストレスを感じたときに何をするかなのです。

成功のための**格言**

ストレスは、あなたの人生を壊しかねない

Stress ruthlessly puts out your dreams and robs you of your happiness.

Put it into action

実践しよう！

□症状が慢性化する前にストレスに対処する

ストレスの症状は、次のような形をとって現れ、幸福感や健康に全面的に影響します。

- **身体（筋肉の張りや腰痛、目のかすみ、疲労感、めまい）**
- **感情（身の回りの人に腹を立てやすくなる、冷たい態度をとる）**
- **精神（消耗感、燃え尽き、疲労感、気が散る、生きがいがわからなくなる、人生に迷いが生じる）**

ストレスによって自分がどんな影響を受けているかを理解できれば、対処がしやすくなります。睡眠時間を増やす、運動やマッサージ、瞑想をする、リラックスする、休暇をとる、健康的な食事を摂るなどのシンプルな方法でも、ストレスを軽減できます。しかし、これらの方法はあくまでも一時的な措置です。ストレスの原因にも目を向ける必要があります。

□ストレスの根本的な原因に取り組む

ストレスをできるだけ減らすためには、ストレスの多い仕事を辞める、人間関係を断ち切る、といった難しい決断を迫られることもあります。

この本で紹介する様々なアドバイスが、あなたがこうした人生の選択をする際に大いに役立つでしょう。

成功者の習慣 13

人に好かれようと努力している

Be likeable

成功する人は周りから好かれるために努力をし、成功しない人は嫌われていることに気づかない

「ユーザーに気に入られたいのなら、彼らが好む人間のように振る舞うソフトウェアを設計すべきだ」

――アラン・クーパー（アメリカのプログラマー）

真の成功とは、多くの友人に囲まれることだと言えます。ですから、周りの人から好かれているかどうかは、重要な問題です。あなたがもし周りから好かれていないと感じるのなら、「人の話を聞く」「信頼できる」「親切」「寛大」「楽しい」「前向き」「自分勝手ではない」などの、人に好かれやすい資質が自分にどれくらいあるかを自問してみるといいでしょう。

生まれつきこれらの資質に恵まれていなくても、私たちはこれを努力によって身につけることができます。

もちろん、特に人に好かれていなくても成功している人はいます。「大きな成功を手に入れていて、尊敬もされているが、個人的にはあまり近づきたくないタイプ」だと思われている人もいるでしょう。このような人たちは、成功はしていても、孤独だと言えるかもしれません。

ただし、自分の信念を曲げてまで好感を持たれようとするべきではありません。時には、人から嫌われることを覚悟してでもしなければならないこともあります。そんなときは、相手もあなたが難しい決断を下さなければならなかったことを理解してくれるものです。それは、親友に対して、批判的な意見を率直に述べるようなものです。簡単なことではありませんが、結果として相手からさらに好かれ、尊敬されるようになるでしょう。人から好かれてはいるが、尊敬はされていない。そんな人間になっても、成功は近づいてきません。

成功のための**格言**

真の成功とは、多くの友人に囲まれること

A truly successful life is one filled with friends...

Put it into action

実践しよう！

□「人に好かれるには、自分をどう変えればいいか？」を考える

人から好かれるために、どうすればいいかを考えましょう。相手から嫌われるような習慣や行動をしてはいないでしょうか？　年をとるにつれて頑固になっていないか、家庭や職場で親身になって相手の話を聞いているか、なんでも自分の思い通りにしようとしていないか、自問してみましょう。

「どうすれば、自分はもっと親しみやすく、人から好かれるようになれると思うか」と、友人や家族に尋ねてみましょう。耳の痛い答えが返ってくるかも知れませんが、素直に話を聞くべきです。

□相手の立場を尊重する

人から好かれるには、自分の好みや考えを優先させようとばかりせず、相手の立場になって考えなければなりません。たとえば、将来あなたは、菜食主義者の相手と結婚するかもしれません。そのときは、パートナーへの愛や理解を示すために、相手の主義を尊重して行動しなければなら

ないのです。

□時には「愛の鞭」も必要

常に相手に対して好ましい態度をとることはできません。時には、腹を立てたり、意見が違ったりすることもあります。子育てをしている親は「愛の鞭」という言葉の意味を知っています。あなたは、他人に「愛の鞭」を示すことができるでしょうか。「いい人」であることをやめるのは、簡単ではありません。

成功者の習慣 14

「イエス」と言うチャンスを逃さない

Say 'Yes'

成功する人は他人が「ノー」と言う場面で「イエス」と言い、成功しない人は他人が「イエス」と言う場面で「ノー」と言う

「物事に、イエスと言おう。それは新たなことに挑戦し、新しい人に会い、人とは違う何かをすることだ。楽観的に考え、ポジティブな態度をとり、周りに人が集まるような人間になることだ」

――エリック・シュミット（アメリカの技術者、グーグルの元CEO）

成功者は、他の人が「ノー」と言う場面で、「イエス」と言える人です。会社から、昇進はするが勤務地は海外になるというオファーをもらったとき、あなたはそれを受けます

か？　恋人や配偶者から、思いがけない場所（たとえば「グリーンランド」）への旅行を提案されたとき、あなたはそこに行ってみようと思いますか？

もちろん、リスクや現実的な問題を無視して合理的な判断をせず、闇雲にどんな話にも飛びつけばいいというわけではありません。ただし、一歩踏み出すべきときにいつも躊躇ばかりしているのは問題です。次のような言い訳が、口癖になってはいないでしょうか？

「ごめん、いま忙しくて」
「また今度やるよ」
「いままで一度もしたことがないから」
「興味はあるけど、現状で満足してるから」
「もう他のことをすると決めてるんだ」
「今からじゃ遅いよ」

こうした言葉の背後にあるのは、躊躇や恐れ、先延ばし、リスク回避といった感情です。このような言葉ばかり口にして「イエス」と言うチャンスを逃していると、成功は遠のいていきます。

誰でも、「あのとき、イエスと言っておけばよかった」と後悔するものです。断るときには、そのチャンスを逃すことで失うものはわかりません。自信を持って「イエス」と言えるようになるには、何が必要なのでしょうか？　コンピューター科学者のランディ・パウシュは、「私たちが人生で後悔するのは、何かをした結果についてではない。私たちは、何かをしなかったことを後悔するのだ」と述べています。他の人が「たぶん」「わからないな」「おそらく」などと言っているときに、「イエス」と言える人になりましょう。

成功のための**格言**

成功者は、他の人が「ノー」と言う場面で、「イエス」と言える人

Successful people are the ones who say 'yes' when others say 'no'.

Put it into action

実践しよう！

□「心の答えは本当にイエスなのか？」と自問する

人は誰でも後悔します。後悔には、良いものと悪いものがあります。悪い後悔とは、私たちを不幸にし、意気消沈させ、前に進もうという意欲を奪うものです。重要な決断や選択に直面したときは、次の二つをじっくりと考えてみましょう。

・「イエス」と言うことを、心から望んでいるか？
・今日「ノー」と言ったら、後悔しないか？

近い将来に迫っている大きな決断（転職、移住、結婚など）を頭に浮かべ、じっくり考えてみましょう。

□どうすれば「イエス」と言えるかを考える

「イエス」という答えを妨げているものは何かを考えてみましょう。その問題について誰かと話をしたり、何らかの状況を変えたりすることが必要な場合もあるでしょう。時間をかけて熟考したり、さらなる情報を集めたり、誰かに相談したりすることで、「イエス」と決断する確信が深まりやすくなります。

□最悪のケースを考える

「イエス」と答えたときに起こりうる最悪のケースを考えてみましょう。得られるかもしれないものと、失うかもしれないものを比べてみましょう。マイナス面ばかりに目が向いていたと驚くことも珍しくはありません。その選択の対象が自分にとって新しいものである場合や、世間の常識に反した決断を下そうとしているときには、過度の「ネガティブ思考」に陥りやすい傾向があるので、気をつけましょう。

成功者の習慣
15

言うべきときは、はっきり「ノー」と言う

Say 'No'

成功する人はきっぱり「ノー」と言うことができ、成功しない人は本心では「ノー」なのに口では「イエス」と言う

「他人に〝イエス〟と言うときは、自分に〝ノー〟と言っていないことを確認すべきだ」
——パウロ・コエーリョ（ブラジルの作詞家、小説家）

「イエス」と言うのは素晴らしいことです。しかし、本心の「ノー」に嘘をついて「イエス」と言っても、良い結果は望めません。

私たちは、「どこに行くか」「何を食べるか」といった日常生活の選択をするとき、他の

誰かの意見ばかりを優先させてしまうことがあります。しかし、自己主張をしないことが習慣化すると、周りから軽く見られてしまいます。どんな小さなことでも、自分の考えを述べましょう。周りに合わせてばかりだと自尊心や自信を保ちにくく、健全な生き方だとは言えません。

人生の大きな決断をするときに、心では「ノー」と叫びながら、「イエス」と言ってしまうのは深刻な問題です。心の声に反して生きていると、夢や目標を達成するチャンスを逃してしまいます。周りに流されて人生の決断をしてしまい、そのことを後悔しながら生きている人はたくさんいます。

あなたには自分の人生を選択する権利があります。私たちはみんな、誰かに愛され、感謝されたいと思っています。しかし、自分の心の声を無視して、自分を犠牲にばかりしていたら、本当に周りの人を幸せにすることはできないのです。

成功のための格言

「イエス」と言うのは素晴らしいこと。
しかし、本心の「ノー」に嘘をついて
「イエス」と言っても、良い結果は望めない

...saying 'yes' is great – but saying 'yes' where you mean 'no' will never be a winner for you.

Put it into action

実践しよう！

□バランスをとる

毎回、他人の要求を受け入れることはできません。相手がそうであるように、あなた自身にも重要なことがあるからです。会社や家庭で気が進まない頼み事をされたときには、はっきりと断ることを習慣にしていきましょう。

誰かのために自分のすべきことやしたいことを我慢ばかりしていたら、都合のいい人間だと見なされるようになってしまいます。このような状況は、あなたにとっても相手にとっても健全なものではありません。

□冷静に「ノー」と言う

断るときに、大声で「ノー」と叫ぶ必要はありません。自分の事情を相手に伝え、理解してもらうように努めましょう。たとえば、上司から一週間のうちで三度目の残業を頼まれたときは、「今週はすでに二回残業をしています。これ以上残業をしたら私生活に支障が出ます」と伝えましょう。その後も、頼み事に応じられないときは、同じようなきっぱりとした態度で断りましょう。

家庭なら、外食先のレストランや休日の過ごし方、壁紙の選び方などについて、「前回はあなたのアイデアを取り入れたよね。次は私に提案させて」というふうに、パートナーとの関係でバランス良く自己主張できるように努めます。

成功者の習慣
16

ボランティア活動をしている

Volunteer your time

成功する人は忙しくても
ボランティア活動をして心を充実させ、
成功しない人は「そんな時間はない」と言い続ける

「誰かのために時間を捧げよう。友人や同僚を助け、毎月ボランティア活動をしよう。困っている人のために何かをすることほど、満ち足りた気分にさせてくれるものはない」

――ジリアン・アンダーソン（アメリカの女優）

真の成功とは、人の成功を助けることです。世界には、貧しく、満足な教育も受けられない人が大勢います。その現実から目を背け、自分は高い教育を受け、豊かな暮らしをしていると誇ることは、本物の成功とは呼べません。ウィンストン・チャーチルは、「人は得たものによって生計を立て、与えたものによって人生をつくる」と述べました。あなたは、どのように人生をつくっているでしょうか？　時間やお金、労力を困っている人たちのために捧げていますか？　ホスピスや学校でボランティアをする、慈善団体に寄付をする、子供向けのスポーツクラブの世話をする、などの活動が考えられます。

何も見返りを期待せず、無私の精神で誰かのために何かをしているとき、とても充実した感覚に包まれるものです。

お金持ちである必要はありません。ビル・ゲイツなら何十億ドルもの寄付ができるかもしれません。でも、私たちには誰かのために使える時間があります。週に一時間程度、動物保護施設や老人ホームでボランティアをすれば、それはあなたにとって大きな価値をもたらすものになるでしょう。

時間を捧げることで、清々しい、謙虚な気持ちになれます。ボランティアをするときは、社会的な肩書きは関係ありません。あなたはスープを配給したり、ベッドメイキングをしたりする大勢のボランティアの一人です。普段の暮らしの中でエゴが大きくなりがちな私たちにとって、ボランティアは地に足をつけるための素晴らしい方法なのです。

真の成功とは、人の成功を助けること

Real success is about helping other people succeed.

Put it into action

実践しよう！

□今すぐ始める

ほんのわずかでもいいので、今日にでもボランティア活動の一歩を踏み出しましょう。先延ばしにしていると、時は流れ去ってしまいます。気前よく寄付ができるだけの経済的な状況にある人はめったにいません。ですから、自分の時間を捧げることから始めてみましょう。そんな時間はない、と思った人は、たとえば週末に早起きしてボランティアのための時間を捻出できないか考えてみましょう。きっと、思っていたよりもはるかに簡単に、誰かのために何かをするという新しい体験を習慣化できるはずです。

□趣旨に賛同できる慈善活動を見つけて寄付をする

時間や労力を捧げること以外にも、寄付という方法で人のために貢献できます。様々な慈善団体の活動内容を調べ、あなたが意義を感じ、共感を覚えたところを寄付先に選びましょう。その団体の趣旨だけではなく、寄付金の使い道や、細かな活動内容にも目を向けるとよいでしょう。

□ボランティアの素晴らしさを伝える

周りの人たちもボランティアに誘ってみましょう。家庭や職場で自分たちにどんなボランティアができるかを話し合ってみましょう。一人でするよりも、仲間がいたほうが楽しくなります。子供たちは最初、テレビやゲームの代わりにボランティアをすることを嫌がるかもしれません。しかしいったん活動を始めれば、熱心に取り組んでくれるはずです。

成功者の習慣
17

コントロールできるものに集中している

Focus on things you can control

成功する人はコントロールできることに集中し、成功しない人はコントロールできないことに振り回される

「自力ではどうにもならないものについて、悩み続けても何も変わらない。自分でコントロールできるものに意識を向けるべきだ。変えられないことについて不安を感じていると、身動きがとれなくなる」

――ウエイン・ダイアー(アメリカの作家)

コントロールできないものについて心配するのをやめましょう。それはエネルギーの無駄です。私たちは、自力で変えられる何かに労力を投じるべきです。私は、コーチングセッションの大部分を、クライアントが課題や懸念を乗り越えるのを助けるために費やしています。壁にぶち当たっている人は、まず自分には何がコントロールでき、できないかを見極めるところから問題の解決に取り組んでみましょう。人は、変えられないものを変えようとすることに多くの時間やエネルギーを費やしてしまいます。しかし、自分の手で変えられることに意識を向けることのほうが、はるかに生産的なのです。

「自分ではコントロールできないこと」について不満を覚えていないか、考えてみましょう。悪天候でイライラする、他人の目がやたらと気になる、欲しい物があるのに値段が高すぎる、といったことなどが頭に浮かぶかもしれません。就職活動中、応募先の企業がメールに返信してくれなかったとき、あなたはどんな考えを抱くでしょうか？　その企業について不満を募らせることもできれば、返信してもらいやすくするためにメールの書き方を工夫することもできます。出会い系サイトでなかなか良い相手が見つからないときも、サイトに文句を言って返金を要求することもできれば、異性が興味を持ってくれるような魅力的なプロフィールに書き換えることもできるのです。

コントロールできるか、できないかを区別するのは簡単ではありません。その対象に強い感情を抱いているときはなおさらです。しかし、自分ではどうしようもないことのために、あなたの貴重な時間を無駄にすべきではないのです。何に集中すべきか、心を落ち着けて考えてみましょう。

成功のための格言

コントロールできないものについて心配するのをやめよう

Stop worrying about what you cannot control.

Put it into action

実践しよう！

□コントロールできるものとできないものの違いを知る

「変えられるものを変える勇気を、変えられないものを受け入れる冷静さを、そして違いを見分ける知恵を与えたまえ」という、アメリカの神学者ラインホルド・ニーバーによる有名な「ニーバーの祈り」は、はるか昔の言葉ですが、現代でもその価値をまったく失っていません。この言葉は、私たちが平和で充実した人生の道を歩むためのアドバイスを与えてくれます。

現実をよく見て、自分でコントロールできないことではなく、自分がコントロールできることに意識を向けましょう。適切な判断をし、他人の力も借りながら、よく考え、粘り強く、賢く改善を目指していけば、どんな問題も乗り越えられるはずです。

自分にはコントロールできないものの例を挙げます。

・他人の思考や感情
・株式市場の暴落や政府の政策
・悪天候などの自然現象
・病気や事故などの予期せぬ出来事

□周りのせいにしない

次のように、他人を非難してばかりいるのはよくありません。

・「失敗したのは私のせいじゃないわ。すごく腹が立つ」

・「彼女は僕の誕生日を忘れていた。なぜ僕がそんな彼女のことを気にしなければならないんだ？」
・「遅刻している人がたくさんいるのに、なぜ私だけが時間前に到着していなければならないの？」
・「チームは目標を達成しようとしていない。だから頑張っても無駄だ」

このような思考は避け、自分でコントロールできる行動や判断に目を向けていきましょう。

成功者の習慣
18

家計をきちんと管理している

Live within your means

成功する人は身の丈に合ったお金の使い方をし、成功しない人は稼ぐ以上に使ってしまう

「経済的な安定とは、職があることではなく、稼ぐ力があることだ。考え、学び、創造し、適応できる。それが真の経済的自立だ。それは富そのものではなく、富を生み出す力のことなのだ」

——スティーブン・コヴィー（アメリカの作家）

ある統計によれば、イギリス人の貯蓄は「まったくない」が三一%で、「一〇〇〇ポンド未満」が三二%。負債（住宅ローンや自動車ローンを除く）は世帯平均で約九〇〇〇ポンドになります。これは気の重くなるデータです。

成功のための**格言**

夢や目標を達成するためにはお金が必要

… to achieve your dreams and life goals you're going to need money.

成功したり、自分は成功者だと感じたりするために、億万長者になる必要はありません。どれだけ資産があるかは、成功を表す一つの指標にすぎません。しかし、夢や目標を達成するためにはお金が必要です。そして、その必要なお金を得るためには、収支計画や目標設定が必要です。私は、お金の価値を無視して成功した人を知りません。

自分がどれだけお金を稼ぎ、使いたいのかは、時間の経過とともに変化します。「可能な限り稼ぎたい」と思っている人もいるかもしれません。もし使うよりも多くを稼ぐなら、それでも問題ないでしょう。しかし残念ながら、現実はほとんどの人が反対のことをしてしまうのです。

負債にも種類があります。たとえば、投資用の家やアパートを購入して、トータルではプラスの収支が見込める形で住宅ローンを組むのなら、大きな問題ではないでしょう。しかし、目先の衝動にまかせて、欲しいものを買うために借金を増やしてしまうのは危険です。それは、将来の収入を前借りしているのと同じことだからです。

Put it into action

実践しよう！

□経済的な目標を立てよう

まずは、現時点の経済状況を把握しましょう。以下を明確にします。

- 収入源と総収入
- 固定費と変動費
- 毎月の貯蓄額
- 資産と負債

この情報を出発点として、経済的な目標や夢を書き出します（家を買う、一〇年以内に引退する、子供の学資をためるなど）。そして、目標を達成するために、何をすべきかを考えます（収入アップのために転職する、経費を削減するなど）。世間の目を気にしたり、経済的に成功した誰かの真似をしたりする必要はありません。あなた自身の目標を持ちましょう。

□賢くお金と付き合う

節約することを恥ずかしがる必要はありません。友人や隣人が高い服や車を手に入れていても、その真似をしなくてもいいのです。第三〇代アメリカ大統領カルビン・クーリッジは、「収入の範囲内で生活することほど意義のある尊厳はなく、これほど重要な自律もない」という有名な言葉を残しています。所得の一部を貯蓄や投資に回すことは、経済的な目標を達成するために欠かせません。毎月の給料を受け取ったら、自動的に定期預金口座に一定額が振り込まれるようにしてもいいでしょう。残ったお金で、生活をするのです。今欲しいものを手に入れるために、後払いで何かを買いたいという誘惑に負けてはいけません。クレジットカードには注意しましょう。手持ちの資金でやりくりをするようにします。

成功者の習慣
19

インターネットと適度に付き合っている

Live in the 'real world'

成功する人はネットから離れる時間をつくり、成功しない人は一日中ネットに気を取られる

「メールのチェックを止めよう。携帯電話の電源を切ろう。インターネットから離れよう。目の前のことに集中できる環境をつくるために、電子機器の使い方についてのルールを定めておこう。テクノロジーは良い召し使いにはなるが、悪い主人にもなるからだ」

――グレッチェン・ルービン（アメリカの作家）

インターネットを使う時間が長すぎると、精神障害を引き起こす可能性があります。これは、二〇一四年五月にミラー紙に記載された、れっきとした研究が導いた結論です。他

にも多くの研究が、オンラインで過ごす時間が長くなることで様々な疾患が生じる危険性があると指摘しています（抑鬱、自殺、孤立、自尊心の低下、運動不足、現実世界との接触の喪失など）。

しかし、現代社会がますます「オンライン」に移行していくなかで、どのようにすれば「オフライン」の時間を増やすことができるのでしょうか？　次々と新しいウェブサイトやインターネットサービスが開始され、私たちは病院や旅行、レシピなど、調べ物をしたいときは真っ先にインターネットを利用しています。ビル・ゲイツはインターネットを、「未来のグローバルビレッジにおける中央広場」に喩えました。

あなたは、メールやSNSやネットを使わずに、一週間過ごすことができますか？　一日でも難しいと感じたのではないでしょうか。私の友人は「インターネットにアクセスできることは、食べ物や飲み物よりも重要だ」と冗談めかして言っていました。ウェブサイト「マッシャブル」の調査によれば、回答者の二四％が、急いでSNSに投稿しようとしたために、目の前で起きている重要な瞬間を見逃したことがあると答えています。インスタグラムに写真を投稿することばかりに気を取られて、いまここで体験すべきことをおろそかにしてしまう——身に覚えのある人も多いのではないでしょうか。

私は、携帯電話を見ながら歩いていた二人が、路上でぶつかってしまったのを目撃したこともあります。パーティーでも、隣の人と話すことよりも、画面に目を向けることを優先させている人をよく見かけます。文字を打つのに夢中なので、話しかけるタイミングもありません。せっかくパーティーに来たのに、これでは台無しです。

成功のための格言

いま、目の前で起こっている出来事に意識を向けよう

Take the time to experience what's happening in front of your eyes.

Put it into action

実践しよう！

□オンラインの時間を減らす

インターネットは素晴らしいものです。しかし私たちは、オンラインとオフラインの生活のバ

ランスをとる必要があります。あなたは一日に、フェイスブックやインスタグラム、ネットサーフィンなどにどれくらいの時間を費やしていますか?

・携帯電話のモバイルインターネットアクセスをオフの設定にして、自宅や会社、喫茶店以外ではネットが使えないようにしましょう。着信音が聞こえるたびに携帯電話の画面を見たりせずに、景色を楽しみながら通りを歩けるようになります。

・誰かと話をするときは、お互いに会話の間は携帯電話を見ないことを約束してからおしゃべりを楽しみましょう。

・SNSのメッセンジャーではなく、直接会ったり電話をかけたりして人と話をすることを心がけましょう。

・手紙やはがきを書きましょう。文字を手書きすることで、相手には温もりが伝わります。

・グーグル検索ばかりに頼らず、書店や図書館で時間を過ごしましょう。本や雑誌のページをめくる喜びを思い出しましょう。

・週末や休日に、インターネットに丸一日アクセスしない日をつくりましょう。写真は撮っても、SNSに投稿するのは翌日にしましょう。誰かに伝えることよりも、目の前の今を楽しむことに意識を向けましょう。

成功者の習慣
20

大切なことに集中している

Stay focused

成功する人は一つのことに集中し、成功しない人は同時にいくつものことに手を出す

「ミツバチは刺すことと蜂蜜づくりを同時にはできない」
――エマニュエル・クリーバー（アメリカの下院議員）

成功するには時間とエネルギーを一つのことに集中させなければなりません。これは達成したい対象が何であれ当てはまります。世界を変えようという壮大な目標を持っているときも、別のアパートに引っ越すという小さな目標を持っているときも同じです。どんなサクセスストーリーにも、その中心には何かに取り憑かれるほどに熱中した一人の人物が

います。

作家のJ・K・ローリングは、経済的な苦境に追い込まれ、迫り来る貧困の危機を感じながらも執筆に打ち込みました。こうして創作に全身全霊を捧げた結果、ハリー・ポッター・シリーズという大ヒット作を書き上げ、世界的な富と成功を手にしました。ソマリア出身のイギリスの中距離ランナー、モハメド・ファラーや、アップル社の創業者、スティーブ・ジョブズにも同じことが言えます。みな、あれこれと複数のことに手を出さず、目標を一つに絞り込むことで大きな成功を勝ち取ったのです。ファラーは中距離走に特化したトレーニングをすることで、見事オリンピックの金メダルを獲得しました。ジョブズはガレージを拠点にして、アップル社の起業に情熱を注ぎ込みました。他のビジネスベンチャーを立ち上げたりはしませんでした。一つに焦点を絞ることは、成功の極めて重要な要素です。

とはいえ、生きていくためには誰でも「しなければならないこと」をたくさん抱えています。それでも、工夫次第で集中は保てます。一度に複数のことに手を出さず、一つひとつ、集中して目の前の仕事を片付けていくことです。それぞれの活動に細心の注意を払うことで、私たちは成功を大きく引き寄せられます。複数の仕事を同時進行させる「マルチタスク」では、効率が落ちることがわかっています。

成功のための**格言**

どんなサクセスストーリーにも、その中心には何かに取り憑かれるほどに熱中した一人の人物がいる

All success stories come down to one person having a focused aim.

Put it into action

実践しよう！

□一度に一つのことに集中する

同時にいくつものことをやろうとしてしまうのは、一種の現代病です。あれこれと一度にしようとすると、すべて中途半端になってしまいます。メールを書く、子供とボール遊びをする、ドライブする、一人きりになって瞑想する——どのような行動であれ、たとえばそれに一〇分間を費やすのなら、その時間はそのことだけに一〇〇％集中しましょう。

私の子供たちも、自分たちはマルチタスキングが得意だと考えているようです。息子は宿題をしながら友人とSNSでチャットをし、音楽を聴いています。親であるあなたが一つのことに集中するという態度をとることで、子供たちの見本になりましょう。電話がかってきたら、すべてのことを止めて通話に集中します。それができないのなら、後でかけ直しましょう。電話で話しながらコンピューターで文字を入力する、車を運転しながら渋滞中にテレビを見る、といった習慣はやめましょう。

□無理な頼み事は断る

毎回、他人の要求に応え続けることはできません。頼み事を安請け合いばかりしていると、自分の仕事がおろそかになってしまいます。無理なときは、きっぱりと断ることを習慣にしていきましょう。できれば、穏やかに、丁寧に断ります。

もちろん、私たちは職場でもプライベートでも、誰かの役に立ちたいと考えています。しかし、自分のすべきこととのバランスをとらなければなりません。どんなときに求めに応じるか、断るか、適切な判断ができるように訓練していきましょう。「ノー」と言いにくくても、負けてはいけません。自分がどれほど忙しいかを説明しましょう。事情を知れば、相手も理解してくれるはずです。

成功者の習慣
21

大切なものに愛情を注いでいる

Love more

成功する人は永続的な愛を大切にし、成功しない人は刹那的な欲望にとらわれる

「誰かを十分に愛することさえできれば、あなたは世界で一番、エネルギーに溢れた人間になれる」

——エミット・フォックス（アイルランドの思想家）

愛は、素晴らしいものにもなれば、心の病にもなります。成功者は愛をポジティブな力にして、そこから大きな活力を得ています。

愛は、「刹那的な欲望」と「永続的な愛」の二つに区別できます。

★刹那的な欲望　――ある対象に夢中になり、所有したいと強く思うことです。衝動買い、浮気、新車やおもちゃへの強い羨望などが典型例です。人やモノを強く欲しているときに感じる刹那的な欲望は、私たちを一時的に興奮させます。しかし、それは長続きしません。この興奮を保つには、新しい靴を買い続けたり、浮気を続けたりしなければなりません。私たちがこうした快楽の瞬間を求めるのは、心の隙間を埋めたいからです。自尊心の低さ、自信の欠如、頭から離れない悩み事などを忘れたいのです。このタイプの愛を求めることで、「成功した」という感覚を瞬間的には味わえるかもしれません。しかし、それは真に成功した人生にはならないのです。

★永続的な愛　――一見すると、刹那的な欲望よりも興奮せず、格好良くもないと思えます。しかし、外見にだまされてはいけません。この愛は、真に成功した人生をつくるために不可欠です。これは、私たちが有意義な人間関係で感じ、経験する愛です。あなた自身が心から受け入れられ、相手と結びつくような関係です。家族やパートナー、子供、同僚、友人と――。こうした人間関係を発展させることは難しいかもしれません。途中で逃げ出したくなるかもしれません。しかし粘り強く関係を築いていけば、やがてこの愛の境地に辿り着けます。

あなたはどちらの愛に、自分の時間とエネルギーを注いできましたか？

成功のための**格言**

成功者は愛をポジティブな力にして、そこから大きな活力を得ている

...successful people are powered by love...

Put it into action

実践しよう！

□自分自身を愛する

成功を手に入れる秘密は、「永続的な愛」で自分自身をとり囲むことです。それは、まずあなた自身を愛することから始まります。これは簡単なことではありません。私たちは他人やモノへの愛は簡単に表現できますが、自分自身を愛していると言うことには抵抗を覚えます。皆さんも、次のようなコメントを聞いたことがあるはずです。

・「こんな相手と付き合い続けている自分が嫌になる」
・「なんで自分は給料の良い仕事を見つけられないのだろう」
・「親に対して意地を張ってしまう自分が嫌いだ」
・「野心を抱けない自分が、いつも腹立たしい」

自分のことを理解し、受け入れ、許しましょう。そのためには、次のことが必要です。

・人は誰でも完璧ではなく、あなただけが欠点や弱点を抱えているのではないことを理解する。
・どんなに不完全でも、自分のありのままを認めてあげる。
・過去の過ちや失敗のことでいつまでも自分を責めるのをやめる。

□「永続的な愛」に焦点を移す

一時的な興奮や快楽をもたらす「刹那的な欲望」ではなく、真に豊かな気持ちをもたらしてくれる「永続的な愛」を追い求めることに多くの時間を費やすことを始めましょう。正直に、自分自身の人生を見つめ直しましょう。興奮やスリルばかりを求めてはいないでしょうか？

「利那的な欲望」を求めることを少しずつ減らしながら、「永続的な愛」で身の回りを埋めていきましょう。あなたにとって本当に重要な人間関係にもっと多くの時間と労力を費やしましょう。意志さえあれば、決して難しくはありません。あなたには、人生で「永続的な愛」を育んでいく無限の力が備わっているのです。

成功者の習慣
22

絶えず自分を刷新している

Reinvent yourself

成功する人は常に自分を新しくしようとし、成功しない人はいつまでも古い自分にしがみつく

「自分自身をつくり上げ、それを新しくする。そして、人生も新しくする。これはあなたの人生であり、その歴史と現在はあなたのものなのだ」

――チャールズ・ブコウスキー（アメリカの作家）

誰もが、「今は大きな変化を起こすべきときだ」「自分をリセットすべきときだ」と思ったことがあるはずです。人生を振り返り、歩んできた道のりを辿ってみれば、転機と呼べる出来事がいくつもあったことがわかるはずです。当時はたいしたことではないと感じて

いても、後になって考えてみるとそれが大きな変化のポイントだったとわかることもあります。

自分に大きな変化を起こす方法には、様々なものが考えられます。

- **今の仕事を辞め、新しいキャリアを目指す。**
- **新しいことを学ぶために学校に戻る。**
- **古い人間関係から離れ、新しい人とつながる。**
- **気楽な独身暮らしをやめ、パートナーと暮らし始める。**
- **自分の性格の一部を変えようとする。**
- **古い服を捨て、ファッションスタイルを変える。**
- **住み慣れた場所を離れ、新しい土地に移住する。**
- **家族やパートナーとの関係を変える。**

大きな変化を起こそうとしているとき、罪悪感を覚えることがあります。挫折感や、人生を最初からやり直さなければならないという感覚です。しかし、このような罪悪感や恥ずかしさに悩まされる必要はありません。成長し、成功を手に入れたいのなら、自分を刷新していかなければなりません。私たちは年をとって成熟するにつれ、多くのことを学び、経験していきます。それに合わせてそれまでの目標や計画を変えていくことは、不可欠なのです。

変化を受け入れましょう。そして、その変化があなたの今日までの成功の上に成り立っていることを確かめましょう。まったく新しい自分になろうとするのではなく、それまで人生で築いてきたものを土台にして変化を起こしていくのです。

成功のための**格言**

成長し、成功を手に入れたいのなら、自分を刷新していかなければならない

Reinventing yourself is an essential process if you want to grow and flourish.

Put it into action

実践しよう！

□先回りして変化を起こす

自分の意志ではなく、強いられて変化を起こすことがあります。仕事に疲れ、強いストレスを感じていると、転職や職業替えを余儀なくされることがあります。怒りや口論は離婚につながります。病気になるとライフスタイルを変えることを求められます。しかし、自分を刷新するために、こうした大きな出来事が起こるのを待つ必要はありません。定期的に、自分の現在地を見つめ直しましょう。「自分会議」をして、充実した人生を過ごすために、次のことを考えてみましょう。

- **やめるべき思考や行動、態度は何か？**
- **始めるべき思考や行動、態度は何か？**
- **何をすれば、自分に大きな変化を起こせるか？**

ノートに自由に言葉を書くのも、マインドマップのように絵を描くのもいいでしょう。こうして書き出したものは、これからどんなふうに自分を変えていけるかを考えるための見取り図になります。

□大きな変化には代償がつきものだと心得る

尊敬し、信頼している家族や友人に、これから起こそうとしている変化についての意見を求めてみましょう。ただし、考えに同意してもらえるとは限りません。ときには、あなたの考えを理解してくれない友人を失うことさえあります。

また、これまで時間と労力を注いできた何か（キャリアパスや人間関係など）から離れなければならないことがあるのも覚悟しなければなりません。

成功者の習慣
23

健康に気を配っている

Stay healthy

成功する人は「健康第一」の価値を知っていて、成功しない人は「健康を後回し」にすることのリスクを知らない

「健康なら、たぶん幸せになれる。健康で幸せなら、それだけであなたは人生に必要な宝物をすべて手に入れたことになる」

――エルバート・ハバード（アメリカの作家）

強いストレスを抱えながら身を粉にして働き、健康を損ない、医療費を稼ぐために仕事をしているような状況に陥ってしまうのは、ナンセンスだと思いませんか？　このような

悪循環に嵌まっている人はたくさんいて、次のような矛盾したことを言います。

「運動する時間も健康的な昼食を食べる時間もない。でも、この職業ではよくあることだ」

「あと数年間は健康など度外視してがむしゃらに働き、引退したらゆっくりと暮らすつもりさ」

「仕事のペースを落として健康的な生活を送ろうとすれば、家族を支えられなくなる」

「太りすぎなのは自覚している。でも、運動を始めるにはもう遅すぎるよ」

「現役時代はひたすら働こう。健康的な生活は老後からでいい」と考える人は多くいます。しかし残念ながら、引退すると心身の健康が急激に低下することを示す研究結果があります。二〇一三年の国際免疫学会の調査は「引退すると身体的・精神的な健康、および健康の自己評価が低下する」と結論付けています。つまり私たちは、引退して自由な時間が増えれば突然健康になれるという考えに期待すべきではないのです。

身体を壊してまで働いても、誰の得にもなりません。それは、健康寿命を縮めるだけです。あなたは本当に健康や寿命を犠牲にしてまで、お金を少しでも多く稼ぐ必要がありますか？　せっかく働いて得たお金も、医療費に消えてしまうのなら意味がありません。

成功のための**格言**

強いストレスを抱えながら働いて健康を損ない、医療費を稼ぐために仕事をしているような状況に陥るのはナンセンスだ

Where is the sense in working too hard just to pay for your healthcare?

Put it into action

実践しよう！

□健康を一番に考える

お金なら、ある年に破産しても、翌年にはそれを取り戻すだけの収入を手にできることもあり得ます。しかし健康の場合、いったん大きく損ねてしまえば、簡単には取り戻せません。健康は常に、良好に保つための努力が必要なのです。生涯を通じて、心身の健康の様々な側面を十分にケアしていくべきです。

・ストレッチ、ウォーキング、スイミング、ランニングなどの運動をする。必要なら、周りのサポートを利用する（パーソナルトレーナーを雇う、ランニングクラブに参加する、または一緒に泳ぐ友人を見つける）。「健康維持のためなら何でもする」という心構えを持つ。毎日歩く習慣を身につける。最近のイギリスでの研究によると、毎日二〇分、一定以上のスピードで散歩をすることで、寿命が七年延び、心臓発作のリスクが大幅に低減する。

・過度のストレスや過労、不安、燃え尽き症候群を避け、心の健康を保つ。バランスをとり、無理をしないことを心がける。腰痛や肩こりといった症状が始まる前に、心身を休める。

・心の健康を保つために、精神的な消耗を招く人間関係や状況からは距離を置く（嫉妬深い同僚や口うるさい上司、一緒にいると疲れる家族や友人）。精神を健康に保てないと、身体の健康に悪影響が生じる。

・自分のしていることに意味を見出す。退屈さや無意味さを覚えたり、時間を無駄にしていると感じるような行動は減らす。

成功者の習慣
24

「許すこと」の価値を知っている

Forgive others

成功する人は許すことのメリットを知っていて、成功しない人は憎しみのデメリットを知らない

「人を許すとは、囚人を解放すること。そして、その囚人が自分自身であったと気づくこと」

――ルイス・B・スメズ（アメリカの作家）

「あの憎い相手のことは、絶対に許さない」――あなたがこんなふうに思っていても、誰も得をしません。怒りや嫉妬で頭をいっぱいにしているのは、決して良いことではないのです。「怒り、他人を許そうとしないのは、自分が毒を飲み、相手が死ぬのを期待するのと同じことだ」という言葉もあります。

人生の成功を手に入れるには、あなたを傷つけたり怒らせたりした人たちを許さなければなりません。それは、相手が正しいと認めることでも、あなたが酷い仕打ちをされたことを忘れることでもありません。許すのは、あなたが今よりももっと充実した、前向きな人生を送れるようにするためなのです。許すことで、あなたは再び前進できます。ネガティブ思考という檻の中から自分を解放するのです。「あなた自身の幸福のために、他人を許さなければならない」――これを理解しておくのは、とても重要なことです。

他人を許すのは、決してあなたが弱い人間だからではありません。あなたが傷ついていなかったわけでも、怒りが的外れだったわけでもありません。許しとは、「私はもう、この人のために自分の貴重な心のエネルギーを無駄にする必要はない」と自分に宣言することなのです。私は日頃のコーチングを通じて、自分の仕事とは、クライアントが他人や自分自身を許すことを通じて前に進むのを手助けすることではないかとよく実感しています。

許すことは、信頼を取り戻すこととも深く結びついています。人間関係に何か悪いことが起こったとき、私たちは相手から離れるか、再び関係を築こうとするかを選べます。許すことで、ネガティブな感情を取り除き、もう一度関係をつくり直そうとする気持ちを抱けるようになります。

成功のための**格言**

人生の成功を手に入れるには、あなたを傷つけたり怒らせたりした人たちを許さなければならない

To create a successful life you must forgive others who have hurt or offended you.

Put it into action

実践しよう！

□許すべき対象が何かを正直に考える

私たちはよく、本当は傷ついているのに、たいした問題ではないと自分を偽ります。

「あの人のせいで昇進を逃したけど、私は怒ったりはしていないよ」

「同僚にアイデアを横取りされてしまったけど、別にかまわないさ」

「パートナーが不倫をしたけど、私は傷ついてはいない」

あなたが見てみないふりをしている傷がないか、心の底を覗いてみましょう。もちろん、それを相手に気づかせる必要はありません。本当の感情を誰かに知られたくないこともあります。それは問題ありません。

問題は、相手を許すタイミングを見つけることです。数日や数週間、あるいはそれ以上かかるかもしれません。「誰かを許そうとしていること」について、信頼できる人に話をしてみるのもいいでしょう。

□自分なりの方法で許す

どんなふうに相手を許すかを決めるのはあなた次第です。ただし、その人を許す準備ができたことを、自分自身で納得できていなければなりません。相手に直接言葉で伝えてもいいでしょう。手紙を書くという方法には、あなたの心を癒やす効果があります。家族や友人だけに、「心の中であの人のことを許すことにした」と告げる方法もあります。いずれの場合も、重要なのは、許すことで、あなたが「誰かを許していないこと」から生じる負の感情から解放されることです。

成功者の習慣
25

自分に合った集団に帰属している

Be part of a tribe

成功する人は集団とうまく付き合い、成功しない人は人付き合いでストレスを溜め込む

「何百万年もの間、人間は部族の一員として生きてきた。部族を定義する条件は二つだけ。共通の利益があることと、コミュニケーション手段があることだ」

――セス・ゴーディン（アメリカの作家）

私たちは様々な集団に属して生きています。ときには、その事実をはっきりと自覚していないこともあります。集団とは、共通点を持つ人々の、公式／非公式な集まりです。「トライブ」（部族）と呼ばれることもあります。私たちは生まれつき何らかの集団に帰属し

ています。趣味や地元、勤め先が同じといった共通点は、人を結びつけます。家族、サークル、同僚――その例は、いくらでも見つかります。

自分がどんな集団に属しているか、考えてみましょう。身の回りにいる人たちとは、どんな共通点がありますか？

- **家族を大切にしている。**
- **サッカーが大好き。**
- **会社の同じ部門で働いている。**
- **近所の飲み屋の常連。**
- **大学時代の友人。**
- **同じスポーツクラブに通っている。**
- **同じマンションや住宅街に住んでいる。**

集団には属したくないという人もいるでしょう。それでも、「職場や出身校が同じ」「同じ家族の一員」といった、嫌でも所属しなければならない集団もあります。人里離れた場所で仙人のような暮らしでもしていなければ、「自分はどんな集団にも属していない」と言える人はいないはずです。

集団に所属すれば、人との交流ができ、友人もつくれます。帰属意識を感じることで、人生に意義を見いだしやすくなります。恥ずかしがり屋な内向型の人は、他人といるよりも一人で過ごす方が好きかもしれません。しかし私たちは、必ず何らかの集団に属しています。帰属意識を持つことは重要です。集団で過ごす時間と、一人で静かに過ごす時間のバランスをとることが大切なのです。

成功のための**格言**

帰属意識を持とう

A sense of belonging is important.

Put it into action

実践しよう！

□集団を賢く選ぶ

まず、自分が所属している集団をすべて書き出します。書いた内容をよく見ながら、次の点について考えます。

- **この集団に所属することでどんなメリットがあるか。自分は集団にどのように貢献できるか。**
- **この集団の一員であることのデメリットは何か。自分の成功の妨げになっている点はないか。**
- **この集団を離れるべき時期に差し掛かっていないか。**
- **他に所属すべき集団はないか。**

こうしてあらためて熟考してみると、思いがけない結論が導かれることがあります。

「そろそろ、口うるさい両親や嫉妬深いきょうだいから距離を置くべきときかもしれない」

「これまでは、近所の人たちのことをよく知ろうとする努力を怠っていた」

「同僚の誘いに乗って、もっと社交的な場に顔を出す機会を増やすべきだ」

あなたがこの惑星で過ごす時間は限られています。好きな人や、お互いに興味がある人たちと多くの時間を一緒に過ごすようにしましょう。あなたに何の興味も持たない人たちや、あなたの気分を害する人たちと一緒にいることで、時間とエネルギーを無駄にするのは止めましょう。一緒にいて楽しく、幸せな気分になる人たちの側にいることは、とても重要です。

成功者の習慣
26

自信を持つための工夫をしている

Exude confidence

成功する人はブレない軸を持っていて、成功しない人は他人の評価に惑わされる

「自分を信じ、自分に自信が持てるなら、何でもできる。私はそれを確信している」

——カーリー・クロス（アメリカのファッションモデル）

自分であることに満足し、幸せに感じている——。自信は、成功を手に入れるために欠かせません。自分がどんな人間で、何をしていて、何を目指しているかを心の底から受け入れ、納得していなければ、真の成功はあり得ないのです。自分が知っていることと知らないことを区別でき、それを人に話せること——これも自信です。

人前で自信満々に振る舞わなければならないというわけではありません。コミュニケーションスキルや話術に優れていなければならないわけでもありません。本当の自信とは、自分自身であることに満足できることなのです。

しかし現実には、自信は周りで起こる出来事によって揺らぐこともあります。次のような言葉を聞いたら、不安になることもあるでしょう。

「まだ報告書を書き終えていないの？　私はもう出したわ。上司はいつも私のアイデアを気に入ってくれるの」

「レギュラーメンバーに選ばれなかったの？　練習不足だな。まあ、来シーズンの幸運を祈るよ」

このような言葉で自信が揺らがないように気をつけましょう。意図的にあなたをくじけさせようとしてくる人たちに気をつけましょう。心ない言葉を浴びせられると、怒り、嫉妬し、涙が溢れることもあります。これは正常な反応です。しかし、他人の評価で自信が揺らぐようではいけません。他人に何を言われようとも自分自身を信じることが大切です。

成功のための**格言**

本当の自信とは、自分自身であることに満足できること

True confidence is about being completely at peace with yourself.

Put it into action

実践しよう！

□新しい状況に直面するときは、自信が感じられなくても気にしない

本当に自分に自信がある人は、普段と違って自信を感じられない状況があることを知っています。誰でも、新しい環境や問題に直面するときには困難を味わいます。このようなときは、自信や確信が持てなくても気にしないようにしましょう。完璧な人などいません。すべての答えを知っている人などいないのです。時間の経過とともに、新しい環境にもなれ、次第に自信が湧き上

がってきます。

□「自信があるふり」をして、自信を高める

「できるようになるまで、できるふりをする」という考え方があります。必要なスキルをすでに獲得したかのように振る舞っていると、いつのまにか本当にそのスキルが少しずつ身についていくというものです。これは自信を高める場合にも当てはまります。次のことに心から満足していると信じて行動してみましょう。

- **自分自身であること**
- **自分がしていること**
- **自分が目指していること**

周りの人は、あなたの心の中は覗けません。あなたが自信たっぷりに振る舞えば、相手も安心し、気持ちよくコミュニケーションや仕事ができるようになり、あなたと一緒にいることに快適さを感じるようになります。自信は伝染します。あなたが自信を持って行動すれば、それは他人にも同じように振る舞う勇気を与えます。

自信があると自分に言い聞かせることに、罪悪感を覚える必要はありません。世界でもっとも

自信があると思われている人たちでさえ、「溢れる自信」という雰囲気を意図的につくり出しているのです。

成功者の習慣
27

感謝を言葉にして伝えている

Give credit where it's due

成功する人は「ありがとう」が簡単に言え、成功しない人は素直に感謝ができない

「然るべきときに感謝を伝えることは、とても有意義な習慣だ。その見返りは計り知れない」

――ロレッタ・ヤング（アメリカの女優）

離婚や辞職の主な理由の一つは、不和や不正ではありません。それは、相手から認められたり、褒められたりしないことです。調査によると、人が誰かと別れる大きな理由は、相手に十分に認められていないと感じることです。

人は誰でも、認められたいと思っています。

成功のための**格言**

短い感謝の言葉には、とても大きな力がある

There is a huge power in a few simple words of thanks.

周りから評価され、認められ、愛されたいと思うのは、人間の基本的な欲求です。そのため、周りの人に感謝し、努力を褒めるのを習慣化することは、とても重要です。

相手を褒める方法は「個人的」「公的」の二つに大別できます。人前であれ、個人宛のメールであれ、相手を褒め、感謝を伝えることを忘れないようにしましょう。短い感謝の言葉には、とても大きな力があります。

性格や育ち方の違いで、感謝の言葉を人一倍必要とするタイプの人もいます。相手の立場になって考えてみましょう。自分のしたことに対して、十分な評価や感謝が得られなかったら、どんな気分になりますか?

Put it into action

実践しよう！

□褒めることを習慣にする

公私問わず、周りの人を褒め、感謝し、認めることを毎日の習慣にしましょう。相手が大きな何かを成し遂げるのを待つ必要はありません。小さなことにも注意を向け、「素晴らしい」「ありがとう」と言葉をかけましょう。

感謝は言葉と態度で示しましょう。以下のような形で実践できます。

- 同僚に、先週してくれたことについて感謝の気持ちを伝える。
- 週末、パートナーに花やチョコレートを贈る。
- 緊急の仕事のために残業をしてくれたアシスタントにコーヒーを買い、感謝の言葉をかける。
- 新しいアイデアを思いついた新人を称賛するメールを、部署の全員宛に送信する。

感謝は広がります。あなたが感謝していると、相手もポジティブになり、あなたにもポジティブな態度をとってくれるようになります。あなたは思いやりがあり、目配りがきき、人に感謝し、正当に評価するという評判を得るでしょう。

□誰かに褒められたい人がいることを理解する

人はたいてい褒められ、感謝され、評価されるのが好きです。仕事ぶりを見てもらえていると実感すれば、やる気や活力を高めます。あなたが同じ気持ちなら、誰かを褒め、感謝することの利点がどれほど大きいかはすぐに理解できるはずです。

もしあなたが人に褒められたり、感謝されたりすることを特に求めていないのなら、周りの人を褒め、感謝することには意志的な努力が必要です。褒めたり感謝したりすべきところでそれを忘れたときは、すぐに謝り、あらためて伝え直しましょう。どれだけ遅くても、しないよりはマシです。

成功者の習慣
28

モノに執着しない

Reduce attachments to possessions

成功する人は必要なものとそうでないものを区別し、成功しない人は「モノ」で成功を証明しようとする

「物質的なモノは人生を快適にしてくれる。だが自分のことを大切にしてくれる友人や家族、パートナーがいなければ、人生はいくらモノがあっても埋められないほど、虚しく、寂しいものになる」

——デビッド・ロックフェラー（アメリカの銀行家）

あなたの価値は、あなたが所有するモノでは測れません。所有物は、あなたが誰であるかを定義するものではありません。車も、家も、服も、薄型テレビも、デザイナーシューズも、真の幸せの源ではないのです。そのことは様々な研究結果も示しています。たしか

に、ピカピカの新車やロードバイクを買ったときは、大きな喜びを感じます。しかしその最初の陶酔感が醒めてしまった後は、どうでしょうか？　新しいモノを買うたびに、以前よりも幸せだと感じることができるでしょうか？　それは、真の成功を手にしたことになるのでしょうか？

たしかに貧困に喘ぐ人たちは、物質的な豊かさによって大きな幸福感や充実感を味わえます。ときには、人生を根底から変えるほどのインパクトがあるでしょう。しかし、すでに一定の豊かさを手にした人にとってはどうでしょうか？　さらに多くの所有物を手にしても、幸福度には大きな影響は生じないのです。

なぜ新しい車を買いたいのか、なぜもっと大きな家に引っ越したいのか、正直に考えてみましょう。所有物で成功を実証しようとしてはいないでしょうか。何かを欲しがり、それを買うこと自体には問題はありません。しかし、その動機には注意が必要です。真の成功者は、成功を証明するための所有物を必要としないのです。

成功のための**格言**

あなたの価値は、あなたが所有するモノでは測れない

You are not your material possessions.

実践しよう！

Put it into action

□モノの棚卸しをする

ワードローブや食器棚、ガレージ、納戸にどれだけのモノがあるのか、棚卸しをしてみましょう。シャツや本、靴の数を数えます。自宅や職場にモノが溢れ、どこから手をつけたらいいのかわからない場合は、この際、徹底的にモノとの付き合い方を考え直してみましょう。購入後、一度使っただけで、あとは手をつけていないものはないでしょうか。まだ包装紙すら開けていないものはないでしょうか。

□モノを手放し、シンプルに暮らす

本当に必要なものは何かを自問してみましょう。最近は、モノを減らしてすっきりと暮らす、ミニマルな生き方の価値に注目が集まっています。これはあなたにとって、ミニマリスト的なライフスタイルを始めるチャンスです。どうしても必要なものは何でしょうか？　なくても生きていけるものは何でしょうか？　不要な靴やおもちゃ、服、家具は手放しましょう。

新しいものを一つ買ったら、今あるものを一つ捨てる、というシステムを採用してもよいでしょう。古い服や本は、恵まれない人たちのために寄付することもできます。

□モノを買うときの行動パターンを分析する

なぜこれほど多くのモノがあるのか、理由を考えましょう。あなたがモノを買うときには、どのような行動パターンがあるのでしょうか？　収集癖があるのかもしれませんし、買い物好きなのかもしれません。変えるべき習慣がないか、よく検討します。うまく行動を変えられれば、お金とスペースを節約できます。

成功者の習慣
29

周りの人と信頼関係（ラポール）を築いている

Build rapport

成功する人は無理なく相手に合わすことができ、成功しない人は他人の話を聞かない

「他人とつながるためのもっとも基本的で強力な方法は、話を聞くこと。ただ耳を澄ますこと。私たちがお互いに与え合えるもっとも重要なものは、相手に関心を持つことなのだ」

――レイチェル・ナオミ・リメン（アメリカの作家）

信頼関係（ラポール）がなければ、成功は実現できません。これはお互いに理解し合い、快適でいられるようになるために欠かせません。成功は、あなたに従い、共に働き、サポートし、信じてくれる人たちによってもたらされます。それを実現するには、相手にあなたのことを理解し、信頼してもらう必要があります。あなたと一緒にいることが、相手にとって快適なものでなくてはなりません。信頼関係が築かれていれば、これは自然に起こります。信頼関係は日々のコミュニケーションを通じて築かれていきますが、意識的につくりあげるべき場合もあります。

私の考えでは、女性は男性よりも親密な関係を自然に築くことができます。女性が他者とコミュニケーションをとるとき、ゆっくり話し、話に耳を傾け、共感を示します。これは信頼関係を構築するための基本となる方法です。

もちろん、誰とでも信頼関係を築けるわけではありません。そうしたくない場合もあるでしょう。自分勝手で、一緒にいてもつまらないと感じる相手とは、仲間意識を持ちにくいものです。それでも、その相手が身近にいるのなら、ある程度の信頼関係を築くように努力すべきです。相手に、「無礼で冷たく、自分を無視する人間」だと思われないようにしましょう。

成功のための**格言**

信頼関係(ラポール)がなければ、成功は実現できない

It is impossible to be successful without building rapport.

Put it into action

実践しよう！

□共通点を見つける

信頼関係構築の第一歩は、共通点を探すことです。相手とじっくり話をして、思考や目標、行動、信念を知りましょう。そうすれば、どこに類似点や共通点があるのかが見えてきます。友人や同僚に対する印象、趣味や将来の目標といった単純なものでも、相手との仲間意識を高める共通点になります。このとき、本音を大切にしましょう。相手を喜ばせるために、好きでもないものを好きだと言ったり、適当に話を合わせたりすべきではありません。

□ミラーリングのテクニックを使う

相手の仕草や行動を真似る「ミラーリング」という手法は、信頼関係を構築するためにとても効果的です。相手が立ったら、あなたも立ちましょう。相手が腕と脚を組んで座っているなら、あなたも同じようにします。こうすることで、相手は無意識のうちにあなたと一緒にいることを快適に感じるようになります。ほとんどの場合、相手は姿勢を真似されていることに気づいてさえいません。ぜひ、このテクニックを試してみましょう。

□話によく耳を傾け、共感を示す

他人から、「一緒にいたい」と思われる人になりましょう。自分のことばかり話すのではなく、相手の話を聞くことを意識しましょう。落ち着いて、ゆっくりと話しましょう。そうすることで、あなたは温かみのある人間だと思ってもらえるようになり、相手もあなたのことを知りたいと思うようになります。

成功者の習慣
30

マインドフルネスに生きている

Live mindfully

成功する人は「今、ここ」に集中し、成功しない人は「過去と未来」に気を取られる

「マインドフルネスとは、願望や後悔を抱かずに、目の前の現実をただありのままに受け入れることだ」
——ジェームス・バラズ（アメリカの瞑想教師）

イギリスの刑務所では、囚人の暴力的な衝動を抑えるためにマインドフルネスの技法を教える計画があります。企業でも、従業員に日常生活や仕事にマインドフルネスを活かすためのコースが多く提供されるようになっています。

マインドフルネスとは、今この瞬間に意識を集中させることで、過去の不安や将来のス

トレスを取り除いていくこと。目の前の現実に、静かな注意を向けていくのです。

これから起こり得ることを心配したり、過去の過ちを悔やんだりするのではなく、心を落ち着けて目の前の現実に意識を向ける。それがマインドフルネスの核心です。現代人は、雑念で頭をいっぱいにして、目の前の出来事に集中できなくなっています。ドライブ中にずっと考え事をしていて、いつのまにか目的地に辿り着いていた、という経験をしたことがある人も多いのではないでしょうか。マインドフルネスは、過去を過去に、未来を未来に留まらせます。これから起こることや、すでに起こってしまったことを気にせず、今この瞬間にただ存在するのです。それは次のような思考を手放すことです。

- **過去のことを思い出し、後悔や罪悪感を覚える。**
- **将来への不安で頭をいっぱいにする。**
- **明日の結果を恐れて、今日何かをすることを躊躇する。**

成功のための格言

マインドフルネスは、過去を過去に、未来を未来に留まらせる

Being mindful is about you letting the past stay in the past and leaving the future as something yet to happen.

実践しよう！

Put it into action

□瞑想で雑念とうまく付き合う

私たちの心の中には、毎日、何千もの雑念が通りすぎていきます。これらをすべて完全に消し去ることはできないかもしれませんが、減らすことはできます。次のことを目標にしましょう。

- **雑念にいちいち注意を向けない。**
- **頭に浮かぶ雑念の数を減らす。**

静かに心を落ち着けるには、瞑想が効果的です。瞑想には様々な方法やスタイルがあります。自分に合ったものを見つけましょう。直接インストラクターの指導を受けるのもよいですし、音声ガイド付きのＣＤやユーチューブ動画も利用できます。

瞑想の実践中には、頭に浮かんでくる雑念に意識を向けず、やり過ごすことを学びましょう。次の雑念が浮かんでくる間に、沈黙の瞬間が存在するようにします。呼吸と身体だけに集中する、静かな瞬間を楽しみましょう。定期的に瞑想を実践することで、次第に心が穏やかになり、過去や未来に気を取られることなく、現在を生きることができるようになっていきます。

□速度を落として、目の前の瞬間を味わう

立ち止まり、周りを見渡してみましょう。目の前で起きていることを観察しましょう。いま起こっていること、いま感じていることに注意を向ける訓練をします。過去を悔やみ、明日に怯えることに心が流されないようにします。絶え間ない不安から離れ、心に安らぎを与えるために、できるだけ多く、いまこの瞬間を味わいましょう。食事をするときは、余計なことで頭をいっぱいにしてしまわないように、食べ物や一緒にいる人、身の回りのものに目を向け、今この瞬間を楽しみましょう。

成功者の習慣 31

妥協すべきところは妥協している

Accept compromises

成功する人は必要ならば相手に譲り、成功しない人は常に我を通そうとする

「一方的な人間関係（友情、恋愛、仕事）は、本当の人間関係ではない。それはどこにも辿り着くことのできない一方通行の道だ」

——T・F・ホッジ（アメリカの作家）

私たちは、双方が得をする「ウィン・ウィンの関係」の話をするのが好きです。しかし実際には、この関係はお互いが相手に一歩譲り合うことで成立しているケースがほとんどです。人は誰でも、妥協しながら生きています。そして、妥協が最善の選択であることは珍しくありません。妥協には、「レストランや映画を選ぶ」「会議で喋る順番を決める」といった簡単なものもあれば、「転職」「結婚」「住宅購入」「子を持つ」といった、人生の大きな決断に関するときに迫られる難しいものもあります。

こうした大きな決断は、私たちの夢や目標を形作るものであり、私たちのアイデンティティと深く結びついています。当然、簡単には妥協できません。それでも妥協は、身近な人と良い関係を築くために不可欠です。人生の夢や目標が、親しい誰かと完全に一致することはまずありません。そのため、時としてそれらは対立します。私が最近コーチングをした人は、昇進をオファーされましたが、その条件はシンガポールへの転勤でした。彼はそのオファーを引き受けたかったのですが、妻はロンドンでの仕事をとても気に入っていて、子供たちも入学したばかりの新しい学校に慣れたところでした。このような状況では、様々なことを熟慮し、よく話し合い、妥協すべきところは妥協しなければなりません。あなたなら、どうしますか?

成功のための格言

妥協は、身近な人と良い関係を築くために不可欠である

...compromise is essential for the sake of the people close to you and the important relationships in your life.

Put it into action

実践しよう！

□自分から譲る精神を持つ

妥協で得られるメリットに注目しましょう。あなたが一歩譲ることは、人間関係に良い効果をもたらします。追い込まれていると、プレッシャーを感じているためにじっくり考える余裕がなくなります。妥協するかどうかの判断を迫られたときは、次のことに留意しましょう。

・自分の心に正直になる。相手に勝ちたいという気持ちだけで、頑固に我を通すべきではない。
・選択の結果の影響がどれくらい重要なのかを考え、柔軟に妥協点を探る。
・創造性を発揮し、できる限り多くの人にとってプラスになる解決策を探す。新たな挑戦をするチャンスだと考える。

□妥協すべきではない場合を見極める

妥協すべき状況と、自分の意見や主張を貫くべき状況を見極めることは大切です。状況をよく理解し、自分の決断がもたらす影響を考慮しましょう。「目の前の勝ちをとるために、大切な人間関係に亀裂が生じてもいいか」について考えるのもいいでしょう。もし躊躇するなら、それは妥協してもいい場面かもしれません。

「ここで妥協すれば、自分が大切にしている価値観や倫理観が傷つけられてしまう」と思ったときは、自分を貫くべきです。大切な信念を曲げてまで妥協すべきではありません。

成功者の習慣
32

仕事人間になっていない

Be more than your 9–5

成功する人は仕事を人生の一部と考え、成功しない人は仕事でしか人を評価しない

「私は生きるために働いているのか？　それとも、働くために生きているのか？」

――メアリー・フランシズ・ウィンターズ（アメリカの実業家）

「お仕事は何を？」――知り合ったばかりの人から、私たちはよくこう尋ねられます。この質問は人を「仕事や職業」という狭い枠組みで定義しようとします。私たちを形作っている他の様々な要素は抜け落ちてしまいます。周りの人たちが華々しいキャリアや知名度の高い職業について話していると、子育てのために休職している人や、一度社会に出てからあらためて大学に入り直した人、失業中の人たちは居心地の悪い思いをすることがあります。自分は社会にあまり貢献していないという負い目を感じるのかもしれません。

しかし、職業について話すことが、本当にあなたという人間のすべてを説明することになるのでしょうか？　もしあなたが「働くために生きている」という、仕事が生きがいのタイプなら、おそらくそうなのかもしれません。「あの会社でこの役割を担っている人」と言われるのを嬉しく感じるでしょう。しかし、ほとんどの人は違います。たいていの人たちは、「生きるために働いている」のです。仕事に過度の情熱は注いでいません。むしろ、仕事とは基本的につらく退屈なものだとすら感じています。

仕事は、人間の一面を表すにすぎません。それは、その人が人生をどう生きるかについて選んだ、一つの答えにすぎないのです。どれだけ職業的に成功していたとしても、他のすべてを犠牲にしているのなら、本当の成功者だと呼べるでしょうか？

成功のための格言

仕事は、人間の一面を表すにすぎない。それは、その人が人生をどう生きるかについて選んだ、一つの答えにすぎないのである

...work is only one aspect of who you are...

Put it into action
実践しよう！

□周りからどんな人間だと見なされたいかを定義する

あなたは、他人に自分をどんな人間だと思ってもらいたいですか？　相手の考えに合わせる必要はありません。自分に正直になって考えてみましょう。仕事上の肩書きに興味がないのなら、それでいいのです。自分にとって重要なことを伝えましょう。

自分が何を大切にしているか、優先順位をつくってみましょう。他人の価値観を気にせず、あなたが何を重視しているかを表すリストをつくります。次に誰かに「あなたは何をしている人なのですか？」と尋ねられたときに、このリストに基づいて自分の人生をストーリー仕立てで語ってみましょう。人間は、物語が大好きです。それは単に会社名や役職を口にすることよりも、はるかに興味深い自己紹介になるでしょう。

□成功の形は様々

職業上の成功は人生の他の領域での成功よりも価値があるという考えは捨てましょう。子育てをすることも、慈善活動をすることも、働きながら学校に通うことも、子供のスポーツチームを指導することも、趣味で絵を描くことも、すべて成功です。何であれ、それを誇りに思いましょう。他人の価値観を気にする必要はありません。誰もが九時から五時の仕事にすべての労力を注いでいるような社会は、退屈でつまらない場所になるでしょう。

□仕事とプライベートの最適なバランスを探る

自分にとって最適な、オンとオフのバランスを見つけましょう。仕事もプライベートも、どちらも重要です。どちらにどれだけの時間とエネルギーを注ぐべきか、意識的な選択をしましょう。たとえば、次のように考えます。

・初めての小説執筆に専念するために、その時期はパートタイムの仕事をする。
・夢を実現するための資金をつくるため、短期間、二つの仕事をかけもちする。

成功者の習慣
33

自分のことを理解している

Know yourself

成功する人は「見えない自分」を意識し、成功しない人は「自分のことはわかっている」と思い込んでいる

「私たちの人生における最大の仕事は、自分自身を世の中に誕生させること。つまり、その潜在的な力を開花させることだ。人の努力が生み出すもっとも重要な成果物とは、その人自身の人格なのだ」

――エーリヒ・フロム（ドイツの社会心理学者）

車を運転するときは、サイドミラーの死角に注意しなければなりません。それは、パーソナリティー（性格）にも当てはまります。自分自身のパーソナリティーの死角に気づかないままでは、真の成功は手に入りません。たとえ直視するのが不快だとしても、私たちは自分自身の本当の姿を理解しようとすべきなのです。あなたが気づいていない自分自身の特徴も、他人にははっきりと見えています。それを知ることには、とても大きな価値があります。周りの人に、あなたのパーソナリティーについて尋ねてみましょう。パーソナリティーテスト（ＭＢＴＩ、ＤＩＳＣ、ハリソン・アセスメンツなど）で自己評価をするのもいいでしょう。客観的に自分を知れば、大きな気づきが得られます。

自分自身をよく理解すれば、長所を伸ばして短所を補うことで、個性を発揮できるようになります。私たちには、生まれ持った強みがあります。それらを最大限に活用し、かつ過度になりすぎて弱点にならないように注意しましょう。たとえば「自信」は大きな利点にもなりますが、行きすぎると「傲慢」になってしまいます。

短所を完全になくすのは極めて難しいことです。人は誰でも、余裕がなくなるとイライラし、感情的になります。私たちにできることは、自分の弱さが露呈してしまいそうな状況に自覚的になり、感情的にならないように気をつけることです。

成功のための**格言**

あなたが気づいていない自分自身の特徴も、他人にははっきりと見えている。それを知ることには、とても大きな価値がある

Get to know what other people already know about you.

実践しよう！

Put it into action

□自分を客観的に自己分析する

自分の行動や性格、気質、考え方などにはどんな特徴があるのか、じっくりと分析してみましょう。周りの人たちには、あなた自身には見えない様々な特性が見えているはずです。他人の立場になって自己分析をしてみましょう。

家族や友人は、あなたのことをどんな人間だと表現するでしょうか？　たとえば、次のうちであなたがどちらに該当すると思うか、尋ねてみてもいいでしょう。

・行動的な外向型か？　思慮深い内向型か？
・衝動的か？　冷静か？
・感情的か？　合理的か？
・人の話を聞くのが好きか？　自分の話をするのが好きか？
・ポジティブで陽気か？　ネガティブで落ち込みやすいか？

人は、状況に応じて様々な側面を見せます。職場と家庭ではキャラクターが変わるという人も多いはずです。それぞれの状況で自分がどう振る舞い、他人からどんなふうに見られているかを理解しましょう。

普段とは違う自分の一面があらわになりやすい状況も把握できるようにしておきましょう。例を挙げます。

・上司からプレッシャーをかけられてストレスを感じているとき。
・運転中に渋滞しているとき。
・厄介な会議の進行を任されたとき。
・誰かに悪い知らせを告げるとき。
・大勢の前でスピーチをするとき。

他人は、私たちがどんな人間かをよく観察しています。身近な人は、怖いくらいあなたのことを知っているものです。だからこそ、あなた自身では気づきにくい自分の本当の姿を知ろうとすることには、百万ドルの価値があるのです。

成功者の習慣
34

年をとることを受け入れている

Embrace the journey of getting older

成功する人は年齢を重ねることに価値を見いだし、成功しない人は失った若さを嘆いてばかりいる

「私たちの社会では、若さと幸せは同義だと考えられ、老いは寂しく、希望のない状態だと思われている。だが、それは違う。心が輝きを失うのは、年をとるからではなく、人生をよく生きていないからなのだ」

――マーサ・ベック（アメリカの作家）

失った若さを嘆くのではなく、年齢を重ねることで得たものを喜びましょう。現代の社会は、若さを必要以上に称賛しています。スポーツの新記録を出すのも、ベストセラー小説を書くのも、急成長する企業を率いているのも、みんな若者だ、と考えられています。

成功のための**格言**

失った若さを嘆くのではなく、年齢を重ねることで得たものを喜ぼう

Stop crying over what you have lost and start enjoying what you have gained.

私たちは、過去を振り返ることに多くの時間を費やしています。二〇代は、働かなくてもよかった学生時代を懐かしみます。四〇代は、まだ社会的な責任も軽く、気ままでいられた三〇代の頃を思い出します。六〇代は、若い頃に憧れつつも実現できなかった職業や夢のことを頭に浮かべてはため息をつきます。

過去ばかり見て、悔やんだり悲しんだりするのはやめましょう。年をとるのは良いことです。老いを受け入れれば、逆に目の前に素晴らしいチャンスが広がっていることに気づくはずです。長く生きることで得られるものはたくさんあります。経験、判断力、知恵、若くて時間や経済的な余裕がなかったためにできなかった挑戦や冒険。

自分の年齢を否定したり、現実に目を背けたりせず、それを受け入れて生きていきましょう。

Put it into action

実践しよう！

□現在の自分を肯定的にとらえ、経験に価値を見いだす

もちろん、若いときと同じような気持ちで生きるのも悪くありません。年をとっても若い頃と同じ活動を続けられるのは、素晴らしいことです。しかしその一方で、年齢を重ね、多くの経験を積むことで知恵や分別を得たことを喜びましょう。

あなた自身の本質は、年をとっても何も変わらないはずです。変わらない自分でありながら、同時に今の年齢も受け入れていきましょう。いくつであっても、その年齢を楽しむのです。そのうえで、ポジティブに過去を振り返ってみましょう。年をとれば人生経験は増えていきます。多くの場所を訪れ、様々な体験をしたことで、どれほど人生の幅が広がったかを喜びましょう。

苦楽を味わい、浮き沈みを経験してきたことで身につけた知恵は、あなたが人や社会を深く理解し、より良く生きていくために驚くほど役立っています。苦労を味わいながら積んだ経験によって、あなたの毎日が豊かになっていることに感謝しましょう。

□「何かを始めるのに遅すぎるということはない」と考える

「もう年をとりすぎたから」という理由で、何かを始めるのを諦めてしまうほど残念なことはありません。自分の年齢を言い訳にする人は、実にたくさんいます。しかし、あなたを妨げているのは、年齢ではありません。それはあなたの心なのです。それは失敗することへの恐れや不安が、あなたを成功から遠ざけているのです。

成功者の習慣
35

外向型／内向型の枠にとらわれていない

Be both an extrovert and an introvert

成功する人は状況に合わせて自分を変えることができ、成功しない人はいつも同じ自分でしかいられない

「本の山は、外向型の人にとっては単に積み重なった紙に見えるが、内向型の人には魅力的な現実逃避手段に見える」

――エリック・サミュエル・ティム（アメリカの作家、アーティスト）

あなたは外向型ですか？　内向型ですか？　一般的には、外向型は自信があり、声が大きく、人前で話すのが好きなタイプ、内向型は控え目で、内気で、物静かなタイプだと考えられています。しかし、これは正しくありません。本当の外向型とは、自分の考えを話すことや、誰かと時間を過ごすこと、行動を通して学ぶことを好む人のことです。本当の内向型とは、人の話を聞くことや、一人でいるときの時間を楽しむこと、行動する前によく準備することが好きな人のことです。

心理学者カール・ユングの類型論に基づく心理学理論によれば、人は生まれつき外向型または内向型のどちらかの特性を持っています。「ＭＢＴＩ」などのパーソナリティテストを通して、自分の性格タイプを把握している人もいるかもしれません。人は誰でも外向型と内向型の特性を両方持っていますが、たいていはどちらかに偏っています。その支配的な特性が、他人の目には私たちの特徴だと感じられます。

この外向型／内向型の特性を状況に応じて表現できるようになると、成功の可能性が大きく広がります。それは、生まれつきの特性を捨てることではありません。常に外向型／内向型のどちらか一方として振る舞うのではなく、必要なときには普段の自分の枠から飛び出せるということです。たとえば、普段は物静かな内向型の人も、周りに自分の意見を届かせるためには大きな声を出さなければならないときがあります。普段は発言の多い外向型の人も、他人のアイデアを尊重するためには会議で黙って人の意見に耳を澄ますべきときがあります。

成功のための**格言**

外向型／内向型の特性を状況に応じて表現できるようになると、成功の可能性が大きく広がる

The key to your success is to consciously adopt the style that's right for the situation you are in.

Put it into action

実践しよう！

□外向型が内向型として振る舞うには

外向型の人が「自分の内向型的な特性」を目覚めさせるのに役立つテクニックを紹介します。

・**日記を書く**——自分の内面をじっくりと観察する（外向型の人にとっては簡単なことではない）のに役立ちます。

・**一人でできる趣味を持つ**――「絵を描く」「読書」「散歩」などを趣味にすることで、周りに人がいなくても楽しく時間を過ごせるようになり、自分自身と対話をする習慣も身につきます。
・**何事も「一呼吸置く」ことを心がける**――急いで何かしたり、頭に浮かんだことをすぐに誰かに話したりするのではなく、少し間を置いてから行動に移すことを意識しましょう。
・**人の話を聞く**――自分が話す前に、まずは相手の話に耳を傾けることを習慣にしましょう。会議でも、最初に発言するのはやめてみましょう。

□内向型が外向型として振る舞うには

・**もっと人と交わる**――今よりも多くの時間を他人と一緒にいることに費やし、たくさん話をしましょう。職場でもプライベートでも、人から話しかけられやすい雰囲気をつくりましょう。こちらから積極的に誘い、招きましょう。
・**会議や議論のときに最初に発言する**――深く考えすぎないようにして、自分の考えを素直に伝えてみましょう。
・**安全地帯を出る**――人前で自分自身を表現する練習ができる場所に出向きましょう。思い切って、討論会やスピーチコンテストに参加してもいいかもしれません。

成功者の習慣
36

新しいアイデアに心を開いている

Live with an open mind

成功する人は「オープンマインド」を意識していて、成功しない人は狭い考えから抜け出せない

「心をオープンにしておくことは重要だ。脳は私たちを守ろうとする。つまり、私たちができること、すべきことを制限しようとする。脳はとても慎重だ。だからこそ私たちは、これらの制限を突破することを常に意識しなければならない」

――クリスジー・ウェリントン（イギリスのトライアスロン選手）

あなたは新しい物事に心を開いているでしょうか？　知っていることばかりに目を向けてはいませんか？　人間は習慣の生き物です。そして、物事を決まり切った方法で理解することをとても好みます。しかし、古い考えに固執していると、新しいアイデアや意見は頭に入ってきません。新たな視点を無視したり、興味のないアイデアから目を背けたりしていると、私たちは持てる力を最大限に発揮できなくなり、成功も遠のきます。

私たちは、目の前の問題に対して、「自分は答えを知っている」と思い込みがちです。そして、「次に何をするか？」「何を目指すか？」「誰と付き合うか？」といった疑問を、新たな視点からとらえてみようとはしないのです。しかし成功する人は、常にオープンマインドです。なぜなら、人が正しい判断をできるのは、様々な選択肢を公平な目で検討したときだけだからです。

オープンマインドを習慣にしましょう。新しいアイデアや情報、意見に心を開くことを楽しむのです。これまで当たり前だと思っていた自分の考えを疑ってみましょう。そしてどんなときも、新しいアイデアに心を開いておくのを忘れないようにしましょう。

成功のための格言

成功する人は、常にオープンマインドである。なぜなら、人が正しい判断をできるのは、様々な選択肢を公平な目で検討したときだけだからだ

When you stubbornly stick to your opinions and conclusions, it's impossible to take in new information and ideas.

Put it into action

実践しよう！

□頭が固くなっていないかを疑う

身近な人に、あなたが新しいアイデアや意見に心を開いているかどうかを尋ねてみましょう。

・他人の意見や視点によく耳を傾け、理解しているか？
・それに応じて自分の考えを調整しているか？
・他のアイデアのほうが優れていると感じたら、潔く自分の意見を手放せるか？

誰にでも頑固なところはあります。ですから、「あなたは心を閉じることがある」と他人に言われても、過度に心配しないでください。まずは、自分の思考パターンを意識することから始めましょう。自分がどんなときに心を閉じやすくなり、「成功の妨げになる考え」にしがみつきやすくなるかを観察しましょう。

誰かと議論をしているときに、「自分の考えを正当化しようとしている」と気づいたら、相手の立場になってその考えを理解しようと努めてみましょう。

自分が心を閉じているか否かを簡単にテストする方法があります。それは、「でも（ｂｕｔ）」という言葉をどれくらい頻繁に使うかです。この言葉を日常会話でどれくらい使っているかを観察してみましょう。「でも」と言うたびに、別の有効なアイデアから心を閉ざしているのかもしれません。「でも」と言う自分に気づいたら、相手の意見に耳を傾けましょう。

□他人の意見を歓迎する

心を閉じていると、周りの人があなたから遠ざかっていきます。聞く耳を持たない者に対しては、誰も新しいアイデアや意見を述べようとしなくなるからです。オープンマインドを保つために、次のような言葉を口癖にしましょう。

- 「君はどう思う?」
- 「他にどんな選択肢があるかな?」
- 「私の考えは間違っている?」
- 「私は頑固すぎるかな?」

成功者の習慣
37

良き親になるための努力をしている

Be the best parent

成功する人は子供の自主性を大切にし、成功しない人は子供を枠にはめようとする

「子育てをしている親は、次第に気づいていく。大切なのは、自分が望む理想的な親になることではなく、それぞれの子供が必要としている親になることなのだ、と」

――アイェレット・ウォルドマン（イスラエル出身のアメリカの作家）

残念ながら、子育てに自信を持てない人は大勢います。幸せそうで、感情が豊かで、スポーツが上手で、社交的で、明るく、礼儀正しく、勉強ができ、友好的で、大きな夢を持っている――そんな理想的な子供に育てられていないと思っているのです。しかし、子供は機械ではありません。大人の思い通りに修理したりプログラムしたりすることはできないのです。人には個性があります。子供の性格や経験、思考も、当然ながら一人ひとり違うのです。

子を持つことは、人生のどんな苦しみや悲しみをも打ち消してくれるほどの大きな喜びや素晴らしい体験を与えてくれます。子育ては、それを実感させてくれるプロセスです。しかし、子供が生まれたことで起こった大きな変化にうまく馴染めていない親は少なくありません。それまでの二人だけの生活が急に終わり、親としての責任を負い、子育てのためにお金も時間も睡眠も奪われるような暮らしが始まるのです。親になったことに不満を抱く人がいるのも無理はありません。

「子を持ってみて、はじめて親のありがたみがわかる」ということわざがあります。あなた自身の親との関係がどんなものであれ、あなたはパートナーと協力して、自分自身の親としてのスタイルをつくっていかなければなりません。書店には何百冊もの子育て本があり、相反する様々なアドバイスが書かれています。唯一絶対のルールはありません。結局のところ、どの親も試行錯誤を繰り返しながら、忍耐強く自分なりの子育ての方法を見つけていかなければならないのです。子供たちが個性を開花させ、自分自身で人生を切り開いていけるように育てることを目標にしましょう。

成功のための**格言**

子を持つことは、人生のどんな苦しみや悲しみをも打ち消してくれるほどの大きな喜びや素晴らしい体験を与えてくれる

Parenting is a process of allowing the joys and wonders of having children in your life to overshadow any downsides.

Put it into action

実践しよう！

□見本になる

子供は親の背中を見て育ちます。あなたの振る舞いは、子供の成長に大きな影響を与えます。子供の良いロールモデルになることを心がけましょう。

・親であるあなたが日頃から自分勝手に振る舞っているのに、子供を「わがままはダメ」とは叱

れません。

・あなたが他の子供の親の悪口ばかり口にしていたら、子供も同じように口が悪くなります。

子供の前で他人のことを中傷しないようにします。離婚をしているのなら、別れた相手のことも悪く言うべきではありません。その相手は、子供にとっての親なのです。子供たちが学び、尊敬できる「あなた自身」であることに努めましょう。

□好きなことをさせる

子供が自分自身で好きなことや興味のあることを見つけられるようにしてあげましょう。絵本を読み聞かせるのは、創造性や好奇心を育むのに役立ちます。子供の自主性を尊重しましょう。習い事やスポーツをさせるときには注意が必要です。それがどのようなものかを教え、手本を示すことは大切ですが、強制してはいけません。自分が子供の頃にしていたこと、したかったことだからといって、子供にそれを押しつけるべきではないのです。人生とは、自分自身で進むべき道を見つけていくものです。子供には、自分で問題を見つけて答えを探すように促しましょう。魚を与えるのではなく、魚の釣り方を教えるのです。親は子供が選んだことを受け入れ、理解することを学んでいくべきなのです。

成功者の習慣 38

快適な環境で生活している

Walk away from pollution

成功する人は生活環境を快適にするための努力を惜しまず、成功しない人は身の回りの環境汚染に無頓着である

「発展途上国では水に注意せよ。先進国の工業都市では大気汚染に注意せよ」

――ジョナサン・ラバン（イギリスの旅行作家）

汚染された環境は、私たちの健康に悪影響を与え、ストレスを引き起こします。快適な生活を送るために、このような環境はできる限り避けるべきです。

私は以前、ある都市への移住を検討していました。妻と一緒に下見で二、三日その都市を訪れて物件を見ましたが、大気汚染がひどく、目が痛くなり、口の中に嫌な味がしました。当然ながら、私たちはそこに引っ越しませんでした。

不快な汚染は世界中のいたるところで見られます。私の友人は最近、田舎の小さな町からロンドンに引っ越し、街の騒音と空気の悪さにショックを受けていました。私たちの心身の健康をむしばむ環境は様々な形をとることがあるため、手遅れになるまで気づかないことがよくあります。例を挙げましょう。

- **太陽の光や新鮮な空気が入らないオフィスで働く。**
- **騒々しい高速道路や線路の近くに住んでいる。**
- **騒音や照明が気になり、遮光カーテンをしないと眠れない。**
- **庭のすぐ後ろを水質の悪い川が流れている。**
- **花粉の飛散が多く、毎年花粉症に悩まされている。**
- **職場で耳障りな音楽が一日中鳴り響いている。**

成功のための**格言**

自分のいる環境が健康やストレスレベルに影響していないかを確認し、必要ならば対策を講じよう

Learn to spot the signs and recognize how your environment affects your health and stress levels...

Put it into action
実践しよう！

□不快さの原因を突き止める

私たちは、心身の不調を感じていても、その原因をはっきりと突き止めようとしないことがあります。「この不快さや気持ち悪さの原因は何だろう？」と冷静になって考えてみましょう。

・ストレスを感じているのは、引っ越し先の騒音がうるさいからか？　それとも単に新しい土地に引っ越したからか？

・引っ越し先で気分が優れないのは、家の値段が高く大きなローンを抱えてしまったからか？それとも新しい土地の空気が悪いからか？　パートナーが空気の悪さに文句ばかり言っているからか？

□対策を講じる

環境汚染には様々な対策を講じることができます。引っ越しをする、転職をする、必要なら別の国に移住するという方法もあります。ときには自分の力ではどうすることもできない場合もあります。ロンドンやニューヨーク、北京、ジャカルタのような大都市で働いている人は、大気汚染そのものを改善することはできません。それでも、表を出歩くのを減らす、外に出るときはマスクを着用するなどといった対策は取れます。オフィスに空気清浄機を設置したり、家庭では水道水を浄水器でろ過したり、寝室に二重窓を取り付けたりするのもいいでしょう。選択肢は常にあります。身の回りの環境汚染の問題をリストアップし、それぞれに対策を書き出していきましょう。快適な環境で暮らすために、最大限の創意工夫をしましょう。

成功者の習慣
39

安全地帯に閉じこもらない

Leave your comfort zone

成功する人は現状を打破しようとし、成功しない人はぬるま湯から抜け出そうとしない

「僕は何かに迷ったら、安全なほうは選ばない。リスクのある挑戦的な道を選ぶことで、自分の成長が促されるからだ」

――アシュトン・カッチャー（アメリカの俳優）

もしあなたが、幸運にも望み通りの成功をすべて手に入れ、完璧な人生を送っているのであれば、安全地帯に留まっていてもいいでしょう。無闇にその外に出ようとする必要はありません。でも、そのような完璧な人生を送っていない私たち圧倒的多数の人間は、快適なエリアから抜け出さなければなりません。成功は待っていてもやってきません。こちらから掴みとらなければならないのです。

私たちはみんな安全地帯にいることを好みます。自分がどこにいて、何をしているのかを正確に把握できるので、安心感が得られるからです。挑戦しない代わりに、大失敗をすることもありません。例を挙げましょう。

- **今の役職には不満を覚えているが、昇進を目指そうともしていない。**
- **心の底では別れたいと思っている相手と、ズルズルと付き合っている。**
- **「起業をしたい」という大きな夢に目を背けたまま、流されるように働いている。**
- **大学で学び直したい、ダンスクラスに通いたい、という思いを抱えながら、行動に移していない。**

なぜ私たちは安全地帯に留まろうとするのでしょうか？　本当にやりたいことがわかっているのに、なぜコミットしようとしないのでしょうか？　突き詰めると、その答えは「失敗への不安」です。私たちは、予期していないことを体験したり、誰かに拒絶されたり、うまくいかなくて恥ずかしい思いをしてしまうことを恐れています。

では、人が安全地帯を離れることがあるのはどんなときなのでしょうか？　一般的な理由は、「変わらないことのコスト」が「変わることのコスト」を上回ること、です。つまり現状を維持するよりも、変化を起こすことのほうがメリットは大きいと判断する場合です。どうしてもその何かが欲しいとき、私たちは安全地帯の外に飛び出すのです。

成功のための格言

成功は待っていてもやってこない。こちらからつかみとらなければならない

Success will not come to you, you have to go and find it.

Put it into action

実践しよう！

□安全地帯から抜け出すことへの恐れや不安の理由を理解する

自分の恐れや不安の正体を理解することは、安全地帯から抜け出すうえでとても役立ちます。現状から抜け出すことを考えたときに、頻繁に襲われるネガティブな感情にはどんなものがありますか？　変化を起こすと考えたときに、あなたがもっとも恐れ、心配することは何ですか？例を見てみましょう。

- ・金や社会的地位を失うこと。
- ・世間の評判や他人の視線、失敗して恥をかくこと。
- ・未知、あるいは想定外の何かを体験しなければならないこと。
- ・（理想的なものではなくても）慣れ親しんだものを失うこと。

□苦しみを超える価値が得られるのであれば変化を起こせる

安全地帯を抜け出す必要に迫られ、「今こそ本当に変化を起こすべきだ」「このチャンスをつかむべきだ」と思ったら、次の二つの質問をしてメリットとデメリットを比較してみましょう。

・メリット——変化を起こすことで何が得られるか？　現状維持を選択した場合に何を逃すことになるか？

通常、メリットは簡単に説明できます（ワーク・ライフ・バランスの向上、通勤のしやすさ、人間関係の改善など）。

・デメリット——変化を起こすことで生じるコストや痛みは何か？　現状を変えることにどんなデメリットがあるか？

デメリットには様々なものが考えられるはずです。ただし突き詰めると、それは恐れや不安として表現できます。次のような質問をするのが役に立つでしょう。「もし変化を起こしたとして、想定される最悪のケースは？　実際に最悪のシナリオが現実化する確率はどれくらいか？　そのような事態に陥るかもしれないとしても、変化を起こしたいか？」

成功者の習慣
40

身近な人に感謝している

Appreciate those closest to you

成功する人は「ありがとう」が口癖で、成功しない人は周りに何かをしてもらうのは当然だと思っている

「ありがとうと言おう。見返りを期待せず、心からの感謝を表そう。そうすれば、あなたの周りに人が集まってくる」

――ラルフ・マーストン（アメリカのモチベーショナル・スピーカー）

今日、誰かに感謝を示しましたか？　あなたの一日を細かく観察すれば、周りの人に日頃の感謝を伝えるチャンスはたくさんあることがわかるはずです。小さな行為にも目を向けましょう。テーブルに食べ物を運んでくれた人、困っていたときに手を貸してくれた人、あなたの休暇中に仕事を引き継いでくれた人。

私たちはつい、誰かに何かをしてもらうのを当然だと見なしてしまいがちです。それが日常的に繰り返されている行為ならなおさらです。残念ながら、家庭や職場、プライベートで、身近な人をよく観察し、きちんと感謝を伝えられている人は多くありません。それは相手の行動だけではなく、感情を無視することにもつながってしまいます。

この罠に陥らないようにしましょう。「そんなふうに人に細かく感謝することを、親から教わらなかった」と、育てられ方のせいにすべきではありません。感謝を伝える様々な方法は、今からでも学べます。短い言葉をかけるだけではなく、カードやプレゼントで相手を驚かせてみてもいいでしょう。

成功のための**格言**

「今日、誰かに感謝を示しただろうか？」と自問しよう

Have you shown someone today that you really appreciate them?

Put it into action

実践しよう！

□感謝の気持ちを常に忘れない

周りの人への感謝の心を伝えることを、大切な用事として心に留めておきましょう。人は誰かに忘れられ、軽んじられるのを嫌います。忘れないように、「今日、誰々に、感謝を伝えること」というふうに手帳に書き込んでおくのもいいでしょう。

誕生日や結婚記念日のお祝いのように、事前に計画を立て、プレゼントと一緒に相手に感謝を伝えるのもいいでしょう。でも、こうしたタイミングを逃したとしても、気にすることはありません。何もしないより、何かをするほうがはるかにいいのです。大切な人に、感謝を伝えましょう。

伝え方は、その相手に心から感謝したいと思ったとき、自ずと決まってくるものです。心配する必要はありません。

□「ありがとう」以上の言葉で感謝を伝える

もちろん、「ありがとう」と言うだけでも感謝は伝わります。しかし、それだけでは不十分なこともあります。心を込めずに口先だけで「ありがとう」と繰り返していると、言葉は力を失っていきます。たとえば次のように、丁寧にお礼の気持ちを伝えてもいいでしょう。「私を別の部署に異動させることについて、上司と話をしてくれてありがとう。私の肩を持っていると思われるかもしれないから、この話題を上司の前で口にすることには抵抗があったはずだ。心から感謝するよ」

意外なタイミングで、相手の努力をよく見たうえで心からの感謝を伝えると、その効果はとても大きくなります。

成功者の習慣
41

知恵を深め、活用している

Seek wisdom and use it

成功する人は世界や自分をよく理解して成長を目指し、成功しない人は「知恵」を学ぼうとせずに現状に満足する

「知恵を学ぶ方法は三つある。一つはもっとも高貴な、内省。二つ目はもっとも苦い、経験。三つ目はもっとも容易な、模倣」

――孔子（古代中国の思想家）

知恵深くなるために、仙人のような暮らしをする必要はありません。よく観察し、よく思考することで、知恵は少しずつ身につけられるのです。

私たちには、自分が思っている以上に多くの経験や知識があります。それを知恵としてうまく活用すれば、自分を深く知ることができ（夢や目標、好きなもの、強み、不安は何か）、多くのメリットが得られるのです。既存の経験や知識を利用することは、人生で成功するために不可欠です。

知恵はあなたの身の回りにもあります。積極的に他人の知恵を借りましょう。人生経験を積んだ年配者はもちろん、あなたよりも年下の若者や子供の視点・意見からも多くを学べるものです。

知恵を深めることで、私たちは自分をよく知り、人間として成長できます。

真の知恵とは、自分の人生に責任を持ち、現状を他人のせいにしないということです。この考えを受け入れることこそが、真の知恵です。それは同時に、自分の何を変えなければならないかを深く考えることにもつながります。頭のいい人は、世界を変えようとします。しかし賢い人は、自分を変えようとするのです。

成功のための**格言**

真の知恵とは、自分の人生に責任を持ち、現状を他人のせいにしないということである

A sign of true wisdom is when a person takes responsibility for their life...

Put it into action

実践しよう!

□知恵を深めるために様々な体験をする

同じことを長く続けていると、その道の専門家になれます。しかし、一定の技術をマスターしてしまえば、それ以上同じことを繰り返していても、新しい学びが得られにくくなってしまいます。何かを究めていくためには、いつもとは違う経験が必要なこともあります。新しいことを学ぶ習慣をつけるための簡単な方法はたくさんあります。例を挙げます。

・スポーツジムで、いつもとは違う器具を使ったり、ルーチンを変えたりしてみる。
・職場で、いつもと違う作業や役割を担当してみる(新しい視点やアプローチを発見しやすくなるので、仕事についての理解が深まり、ブレークスルーが起きやすくなる)。
・週末と休日の過ごし方を変えてみる(見知らぬ場所に出かけてみる、新しい趣味を始める)。
・飲むお茶の種類を変えるなど、些細な変化を通じて、新しいことへの挑戦を習慣化する。
・他人から学ぶ時間を増やす。定年退職した隣人や年老いた祖父母、子供、元上司などと、夢や課題、懸念事項について話すことで、知恵が深まる。

□まず考え、次に人の意見を聞く

問題の答えを探るとき、すぐに他人に頼るのではなく、まずは自分で答えを見つける習慣を身につけましょう。そのうえで、その答えについての意見を他人に求めてみましょう。自分が導いた答えに対しての他人の考えに耳を傾けることで、知恵は深まります。

成功者の習慣
42

見本となる成功者がいる

Model the best

成功する人は「モデル」から学ぼうとし、成功しない人は成功者を真似ようとしない

「目標を達成するには、勝者のマインドセットが必要だ。自信がある人には、特有の仕草や身振りがある。自信に満ちた成功者を観察し、あなたの人生のモデルにするのだ」

――アニル・クー・シンハ（インドの医師）

あなたに物真似の才能があるなら、それは成功のカギになるかもしれません。成功者を観察して学ぶと、成長速度が飛躍的に高まるため、目標を達成しやすくなるからです。

神経言語プログラミング（ＮＬＰ）も、この考えに基づいています。成功した人の行動

や思考パターンを再現することで、短期間での目標達成を目指しているのです。仕事や勉強、スポーツなどにおいて優れた人を模倣することを、専門用語では「モデリング」と呼びます。

あなたの目標がどんなものであれ、見本となる人はいるものです。他人の行動や態度、思考、コミュニケーションスタイルをよく観察し、それを真似るというこのテクニックの素晴らしいところは、どんな分野にも応用できる点です。体重を減らす、会社で昇進する、スピーチを上達させる、試験勉強の方法を学ぶ、良好な人間関係を維持するなど、何にでも当てはまります。

このとき、人間の思考や行動には意識的なものと無意識的なものがあるのを理解しておかなければなりません。成功のためには、意識的な行動でも、無意識的な行動でも、目標を達成するための優れた行動が必要です。また、言葉でのコミュニケーションだけではなく、非言語的なコミュニケーションをうまくとることも重要です。つまり、スポーツ選手であれ、会計士であれ、教師であれ、表面的な部分だけを真似しているだけでは不十分です。表向きは同じように振る舞っていても、心の底では「自分にはどうせ無理だ」と思っていたらダメなのです。

もちろん、他人を真似ているだけで成功が手に入るわけではありません。誰かをモデルにすることが効果的なテクニックなのは事実ですが、それはあくまでもあなたの成功の足がかりにすぎません。最終的には、お手本にしてきたものを超えて、あなた自身の個性や経験、夢を開花させていくことが、真の成功につながっていくのです。

成功のための**格言**

成功者を観察して学ぶと、成長速度が飛躍的に高まるため、目標を達成しやすくなる

By observing and learning from successful people you can zoom up the learning curve and more easily achieve your goals.

Put it into action

実践しよう！

□成功者を観察する

モデルにしたい人や行動を明確にします。相手の立場に立って、その人が「何」をしているのか、「いかにして」成功を実現したのか、その動機づけは何かを考えてみましょう。成功とは何であり、普通のものとは何が違うのかを頭の中で明確にしておきましょう。

モデルにしている人をじっくりと観察することで、「何」と「いかにして」の答えは見えてきます。本人に直接会うのが不可能なこともありますし、必ずしもそうしなければならないわけでもありません。ただし、もしその機会があるなら、次のような質問をしましょう。

・何かを始める前に、どのように計画しているのですか？
・成功するまでに、どんな苦労がありましたか？
・あなたのようになるために、心に留めておくべきことは何ですか？
・他人と違うことをしている点を教えていただけますか？

難しいのは、表面的な振る舞いだけではなく、その人の内面的な考え方や動機、態度、コミュニケーションスタイルを理解することです。これは観察をしたり、直接話をしたりすることでも学べますが、行動を真似ることから推察していくこともできます。その人と同じように振る舞うことで、たとえば物事に動じず自分の信念を貫いている、何かを開始する前に徹底的に考え抜いている、常に人の意見を求めている、といったその人の内面的な特徴に気づくかもしれません。

□観察した成功者を真似る

成功者がどんなふうにして成功を収めているかを理解したら、その行動や振る舞いを真似ていきましょう。この模倣は、あなたが何を達成しようとしているかによって大きく異なります。目に見える行動を真似るのは、それほど難しいことではありません。時間をかけて試行錯誤を繰り返すことで、メリットが得られるようになるはずです。難しいのは、成功者のマインドセットや思考を真似ることです。そのときに「自分はこの成功者のようにはなれないかもしれない」というネガティブな考えを持たないようにするのは簡単ではありませんが、それはあなたが成功を手に入れるための価値ある挑戦になるでしょう。

成功者の習慣
43

失敗を恐れない

Have the courage to fail

成功する人は失敗から学んで成長し、成功しない人は失敗を恐れて行動しない

「人は、何の失敗もせずには生きられない。極端に慎重になれば、それは可能かもしれない。だがそれは生きていないのと同じだ。そんな人生は失敗だ」

――J・K・ローリング（イギリスの作家）

あなたは最近、失敗しましたか？ 失敗を恐れて行動を起こさなかったのはいつですか？ 私たちが夢を実現できない最大の理由は、失敗を恐れることです。私がコーチングをしている人たちの多くも、変化を怖がっています。それなのに、「もし行動を起こしたとき、

考えられる最悪のケースは何ですか?」と尋ねても、その理由を正当化することができないのです。

あれこれと思い悩みすぎてはいけません。私たちは、必要以上に失敗を恐れています。私たちを挑戦から遠ざけている大きな理由は、恥をかくかもしれないという不安です。他人の目を気にするあまり、夢を追いかけるのを諦めてしまうのです。しかし実際には、他人はあなたが思っているほどあなたのことを考えてはいません。私たちは他人の目を過度に気にしたりせずに、自信を持って前に進むべきなのです。

挑戦すべきタイミングを逃さないようにしましょう。その目標を達成することが、自分の人生にとってどれほど重要かを考えましょう。成功して得られるものの大きさや、挑戦しないことのリスクを考えましょう。各分野で成功を収めた人たちの多くは、口を揃えて「挑戦して失敗するほうが、挑戦しないで後悔するよりもはるかにマシだ」と語っています。挑戦しない限り、成功は決して手には入りません。

人生を振り返ったときに後悔するのは、挑戦したことではなく、挑戦しなかったことなのです。

成功のための**格言**

挑戦しない限り、成功は決して手に入らない

When looking back at your life you will regret more the chances you didn't take than those that you did.

Put it into action

実践しよう！

□リスクを計算する

挑戦しない理由はいくらでも見つかります。リスクは至るところにあり、何をするにしても失敗の可能性はあります。あなたにとってはとるに足らない理由のために、尻込みしている人は周りにいないでしょうか。墜落事故を恐れて飛行機に乗ろうとしない人、嘲笑されることを恐れて人前で話をしようとしない人。このようにリスクを過度に高いと思い込む傾向は、誰にでも当て

はまります。

新しいことに挑戦して人生を変えていくためには、リスクを冷静に計算し、怖がらずに前に進む力を高めなければなりません。これまで避けてきたリスクや、未知の世界に挑戦するリスクを、必要以上に大きなものと見なすべきではありません。心の壁を乗り越え、いつもの行動パターンを打ち破るときは、もう目前なのです。

□相談できる人やモデルとなる人を見つける

壁や恐れを乗り越え、成功をつかんだ人たちのリストをつくりましょう。その人たちは、あなたを奮い立たせるメンターになります。必要なら、アドバイスを求めてもいいでしょう。あなたの挑戦のメリットとデメリットについて、客観的な意見が得られるはずです。それは、あなたが新たな冒険に挑む自信につながります。

失敗したら、別の方法で再度挑戦しましょう。成功のためには、試行錯誤は不可欠です。

成功者の習慣 44

自分を大切にしている

Accept yourself

成功する人はありのままの自分を受け入れ、成功しない人は自分の短所ばかりを気にしている

「自分自身を愛し、受け入れ、許し、優しくしてほしい。あなたがいなければ、周りの人は、あなたという素晴らしい存在を失ってしまうのだから」

――レオ・ブスカーリア（アメリカの教育学者）

「自分なんて大嫌いだ！」と嘆いたことがある人、それはあなただけではありません。私たちはみんな、過去の自分の言動を思い出しては後悔し、情けない思いを味わっています。

現代は、ありのままの自分を受け入れるのが難しい時代です。他人を羨ましく思う状況

が多いからです。

・美容や健康関連の広告や雑誌記事から、理想的な体型や容姿の人の写真が目に飛び込んできて、自分の体重や身体にコンプレックスを抱いてしまう。

・恋愛や結婚の問題についての様々なアドバイスが耳に入ってくるので、余計に悩みが大きくなってしまう。

・SNSを見ていると他人が自分より良い暮らしをしているように思え、不安になり、落ち込む。

「知らぬが仏」という慣用句は、人生の真実を言い当てています。私がコーチングしているある男性も、インターネットの求人広告や給与比較を見て、今の自分の給料が業界の相場よりも低いことに気づき、不満を募らせていました。この低い給料で、これまで五年間も働いてきたことに腹を立てていました。私は彼に、「あなたは自分の仕事を楽しんでいるし、経済的にも苦労はしていなかった。望むなら、もっと高い給料を求めることもできる」とアドバイスしました。他人との比較をやめるだけで、不満や不安は収まっていくものなのです。

人は自分自身に対してネガティブな気持ちになっていると、周りの人に対しても、嫉妬や冷笑、批判、怒りといった感情で接してしまいます。これは、成功者がとるべき態度ではありません。

成功のための格言

他人との比較をやめるだけで、不満や不安は収まっていく

Stop comparing yourself to others and you might just realize that everything's OK.

Put it into action

実践しよう！

□自分の個性を受け入れる

あなたには他の誰とも違う個性があります。無理をして周りと同じ人間になろうとすべきではありません。人と違っているからといって、不安になる必要はないのです。人には誰でも長所と短所があります。短所だけを見て、自分を嫌いになってはいけません。足りないものを嘆くのではなく、自分が持っているものを喜びましょう。

他人を見ていると、自分より豊かで、幸せで、健康で、美しく、人間関係に恵まれているように思えるものです。でも、他人と自分を比べてばかりいるのはやめましょう。他人を基準にしている限り、自分に満足することはできません。

□他人にもポジティブに接する

誰にでもついていない日はあります。冷蔵庫のドアを開けたままにしてしまう、車にガソリンを入れ忘れる、スーパーマーケットの動く歩道でつまずいてしまう、タクシーに荷物を置き忘れる――。

むしゃくしゃしていても、他人に八つ当たりするのはやめましょう。自分の気持ちや不安を伝えて、怒りや不満を解消するのはかまいません。でも、周りの人を傷つけるのはダメです。ギスギスしたり、冷たく当たったりしないようにしましょう。他人に対してポジティブに接していれば、あなた自身のネガティブな感情も収まっていきます。これこそが、本当に自分自身を受け入れ、愛することなのです。失敗したら、別の方法で再度挑戦しましょう。成功のためには、試行錯誤は不可欠です。

成功者の習慣
45

思考をコントロールしている

Watch and manage your thoughts

成功する人は思考を客観視し、成功しない人は思考に縛られる

「一歩踏み出すだけでは、地上に道はつくれない。同じく、わずかな思考では、心に道はつくれない。何度も繰り返し歩かなければ、道はできない。人生にとって大切なことを何度も思考しなければ、心に深く刻まれた道はつくれないのだ」

――ヘンリー・デイヴィッド・ソロー（アメリカの思想家）

「自分は成功する」と考えるか、「自分なんてどうせ成功しない」と考えるかは、現実に大きな違いをもたらします。思考は、人生に計り知れないほど大きな影響を与えます。こ

の本の前半では、雑念を静めるためのマインドフルネスの技法を紹介しました。思考はどこからともなく現れ、あなたの心を奪っては、次から次へとその姿を変えていきます。不安や恐れを抱いているときには、特に当てはまります。たとえば、転職したあなたが、新しい職場に初出勤したとき、新しい同僚からどんなふうに思われるか、気に入ってもらえるかが気になったとします。何をしゃべればいいのか、どんな服を着ていけばいいのか、そんなことで頭をいっぱいにしているので、ついに初出勤の日を迎えたときには、緊張していつもの自分らしく振る舞えなくなります。その結果、同僚からはよそよそしく、冷たいタイプの人間だと見られてしまいます。不安な気持ちばかりに意識を向けていたので、その通りになるように振る舞ってしまったのです。

思考は、文字通り現実を変えます。心はとても強力です。たとえば、幸せだ、悲しい、自信がある、この人が好きだ、と考えれば、実際にその通りの感情になります。

成功のための格言

「自分は成功する」と考えるか、「自分なんてどうせ成功しない」と考えるかは、現実に大きな違いをもたらす

If you think you are successful or if you think you are not, then you are equally correct.

Put it into action

実践しよう!

□ポジティブ思考を意識する

日々の思考が自分自身にもたらすインパクトと影響の大きさを考えれば、できる限り自分のためになるポジティブな思考をすべきです。頭に浮かんでくる思考には、意識的にならなければなりません。自分の考えがはっきりとしないときは、「自分は今、何を考えているのだろう? これは自分のためになる思考だろうか?」と、よく考えてみましょう。

不安や恐れなどのネガティブな思考が浮かんでいるなら、その原因を考えましょう。はっきりとした原因がある場合もありますが、単なる思い込みの場合もあります。そんなときは、ポジティブな思考でネガティブな思考を上書きしましょう。繰り返しポジティブな言葉を思い浮かべることで、雑念を消していきます。人と難しい会話をしているときも、ネガティブな思考に心を奪われることなく、会話のポジティブな側面に目を向け、その会話を通して達成したいことに意識を向けましょう。

成功者の
習慣
46

他人に興味を持っている

Remember people

成功する人は人の話を聞き、成功しない人は自分の話をする

「自分に興味を持たせようとして過ごす二年より、他人に興味を持って過ごす二カ月のほうが、たくさん友達ができる」

――デール・カーネギー（アメリカの作家）

あなたは、他人のことを細かなところまで記憶しているタイプですか？　ジョージ・オズボーンやビル・クリントンなどの政治家は、数年前に会った人のディテールを鮮明に思い出せることで知られています。もう何年も前に顔を合わせただけなのに、久しぶりに顔

を合わせた自分のことを覚えていてもらえると、驚き、嬉しい気持ちになります。些細なことに思えるかもしれませんが、あなたが相手を覚えていれば、相手もあなたを覚えてくれるようになります。そして、それは成功のためにとても重要なことなのです。

世の中には、目で見たものを写真のように正確に記憶できる人もいます。しかし、そうした能力には恵まれていない私たちでも、簡単な方法で他人の情報を覚えておくことができます。それは、メモを書くことです。出会った人の名前や特徴を細かく書き留めましょう。そして、パーティーや会議でその人と再び会うことがわかっているときは、事前にそのメモを読み返しておくのです。SNSを使えばたくさんの人とつながることができます。しかし、そのうちのどれだけの人のことをよく知っているでしょうか？ 人類学者のロビン・ダンバーによれば一人の人間が友人として深くつき合えるのは一五〇人が限度です。それ以上の数の人のことをよく覚えておくためには、メモを活用しましょう。

成功のための**格言**

あなたが相手を覚えていれば、相手もあなたを覚えてくれるようになる。これは成功のためにとても重要である

...if you remember people, they will remember you...

Put it into action
実践しよう！

□相手の話を聞く

誰かと話をするときは、会話に耳を傾けることを意識してみましょう。何も言わないという意味ではありません。自分のことばかり話さず、こちらから質問をして、相手に話をしてもらうように促すということです。相手が何を大切にして生きているのかを探りましょう。相手のことを深く知るのに役立ちます。このようなコミュニケーションをすることで、あなた自身についての発見もあるはずです。

□独自のデータベースをつくる

ノートや電子機器を使って、あなた独自の人物データベースを作成しましょう。出会った人たちの名前の隣に、情報を随時書き加えていきます。連絡先、子供の名前、誕生日や重要なディテールなどを書き込みます。その人の名刺に直接メモを書いてもいいでしょう。新年会などで大勢と会うことが予想される場合は、事前にこのデータベースに目を通しましょう。

成功者の習慣
47

自分を突き動かすものの正体を知っている

Discover what drives you

成功する人は幼少期の影響を自己分析でき、成功しない人はいつまでも幼少期の衝動に突き動かされる

「私は意欲に満ちている。あなたは何に突き動かされているか？　ただ学校に行って教師の話を聞くだけでは本当の勉強はできない。そこには目的と意欲がなければならないのだ」

――エリック・トーマス（アメリカのモチベーショナル・スピーカー）

私たちの行動の多くは、幼少期に培われた欲求に大きな影響を受けています。たいてい、それはきょうだい構成や家庭環境から生じたものです。この欲求は表面的には見えにくいもののの、背後で私たちを突き動かしています。

・一人っ子や長男長女は、親の注目を集めるために、自分の優秀さを証明しようとする。

・真ん中っ子は第一子の陰に隠れるために親の承認やサポートが不足していると感じ、自己肯定感が低くなる。

・完璧主義の親や教師に育てられたために、何事も手を抜きたくないと感じる。

・プレゼントもめったにもらえないような貧しい家庭で育ったために、お金への執着が強い。

周りから「金のことばかり考えている冷たい人」と思われながらも、他人に勝って経済的な成功を収めようとすることに執着する人がいます。あるいは、不満を抱えていながら、リスクを嫌い、現在の人間関係や職場に留まろうとする人がいます。

幼少期の経験は、現在のあなたにどう影響しているのでしょうか？　簡単に答えが見つかる質問ではありませんが、考えることは重要です。子供の頃に生じた欲求は、あなたの現実を食い物にしてしまうほど強力です。それは、あなたが最大限の能力を発揮することへの妨げになるのです。

成功のための**格言**

私たちの行動の多くは、幼少期に培われた欲求に大きな影響を受けている。たいてい、それはきょうだい構成や家庭環境から生じたものだ

So much of our behaviour is driven by the need to prove something, something that usually dates back to when we were young.

Put it into action

実践しよう!

□あなたを突き動かしているものは何か?

自分がどのような欲求によって突き動かされているのかを、正直に考えてみましょう。あなたは心の底で何を求め、どんな状態に安心感を覚えますか? きょうだい構成(第一子、真ん中っ

子、末っ子）は影響しているでしょうか？　両親に注目されたい、褒められたいという欲求は影響しているでしょうか？

自分が何によって突き動かされているかを自覚することが大切です。単に過去のせいにするのではなく、自分の行動パターンや背後にある理由を理解することが大きな意味を持つのです。

□不要な欲求を捨てる

この欲求によって自分が望む場所に進んでいるのなら、問題はありません。しかし、そうでないのなら、根本的な問題が何かを探り、進むべき方向を変えていきましょう。例を挙げます。

・完璧主義の厳しい親に育てられたから、きちんと仕事をしなければという思いから長時間労働をしがちだ。でも、自分が親になったいま、子供に対して同じことを繰り返している。宿題をぎりぎりまでやろうとしないと怒ってしまう。自分や周りの人に完璧主義を求めることをやめるべきではないだろうか？

・私は何かを頼まれたら、「ノー」と言わずにすべて引き受けようとする。それは私が一人っ子で、両親を喜ばせたいという気持ちが強かった子供時代を過ごしたことと関係があるのかもしれない。すべきことが多すぎてプレッシャーを感じているのなら、限界に達する前に、そろそろ無理な依頼は断るという態度をとるべきかもしれない。

成功者の習慣 48

「足るを知る」の精神がある

Appreciate what you've got

成功する人は「今あるもの」に感謝し、成功しない人はそのありがたみがわからない

「今あるものに感謝しよう。文句を言うのはやめよう。不満は皆を退屈させ、何の得にもならず、どんな問題も解決しない」

――ジグ・ジグラー（アメリカの作家）

「隣の芝生は青く見える」ものです。目の前にあるものに満足しない限り、他人を羨む気持ちは終わりません。地位であれ所有物であれ、今ある以上のものを求めてばかりいると、不幸で落ち着かない気持ちになるだけです。

今あなたが手にしているものに感謝しましょう。立ち止まって、これまでに得てきたもののありがたみを味わいましょう。そうすれば、新しく必要なものなど何もないことに気づくかもしれません。「必要なものはすべて揃っている」と心から思えるのは、どれほど素晴らしいことでしょう。

もちろん、自分を向上させるのをやめるわけではありません。今の自分の身の回りにあるものへの感謝の気持ちを保つべきだ、ということです。もし、今日手にしているものに感謝できないのなら、明日何を手に入れても感謝はできないはずです。

他人と自分を比較するのはやめましょう。誰も、他人の子供の成績やテレビのサイズなどたいして気にはしていません。「人よりもいい暮らしがしたい」という競争には終わりがありません。あなたが車を買えば、誰かがさらにいい車を買います。あなたがこの競争から身を引かない限り、この競争には終わりがないのです。

成功のための**格言**

他人と自分を比較するのはやめよう

Don't compare yourself to other people.

Put it into action

実践しよう！

□他人の幸せを喜ぶ

「隣の芝生は青く見える」という嫉妬心を減らすには、他人の成功を喜ぶことです。昇進した友人には、お祝いの言葉を伝えましょう。自分のポジティブな感情を素直に受け入れれば、日常生活すべてが前向きになっていきます。今すぐ、ＳＮＳでこれを試してみましょう。誰かが良いニュースを知らせる投稿をしていたら、無視したり義務感で「いいね！」を押したりするのではなく、心からの祝福を伝えるコメントを書きましょう。あなたの態度の変化は、すぐに良い形で返ってくるでしょう。

□コップに水を注ぐ

よく、「コップ半分の水を見ると、ポジティブな人はまだ半分ある、ネガティブな人はもう半分しかない、と考える」と言われます。しかし私は最近、「まだ半分でも、もう半分でもない。グラスにはいつでも残りの半分の水を注げる、と考えるべきだ」という話を聞きました。とても素晴らしい視点だと思います。

自分がすでに手にしているもの、これまでに達成したこと、経験したことを書き出しましょう。そして、「ないもの」ではなく、「あるもの」に意識を向けましょう。コップに入っている水のことを考えるのです。コップのサイズを他人と比較するのもやめましょう。「隣の芝生は青く見える」という発想をしていたら、いつまでたっても人を羨む気持ちはなくなりません。

自分が手にしているものに満足できたら、その上で、これからの自分にとって大切なことが何かを計画しましょう。嫉妬にかられて行動するのではなく、他の誰とも違うあなた自身の人生のコップを満たすために、何をすべきかを考えるのです。

成功者の習慣
49

親と仲良くしている

Make peace with your parents

成功する人は親とのわだかまりを解消するための努力をし、成功しない人はいつまでも親に不満を抱き続ける

「もっと親孝行をしよう。親はいなくなってはじめて、そのありがたみがわかるものなのだから」

――作者不詳

親と仲良くできなければ、健全で成功した人生を送ることは難しくなります。私たちは親に対して不満を募らせがちです。たしかに、友人とは違い、親は選べません。しかし、自分が親になってみれば、その大変さがよくわかるはずです。子育てには、明確なルールも完璧な方法もありません。親がどんな思いで自分を育てていたかが理解できれば、親に対する否定的な感情も手放しやすくなります。

親によく理解され、何をしていようが無条件に愛されている、と実感できるのは、心を健康に保つためにとても大きな効果があります。親はあなたにとって最高のメンターであり、アドバイザーになります。仕事や人間関係の悩みや、将来の夢について相談すれば、親身になって話を聞いてくれるはずです。あなたの子供の頃からの行動パターンや問題点をよく知っているので、本質的な答えを返してくれるでしょう。

成功のための**格言**

親はあなたにとって最高のメンターであり、アドバイザーになる

Your parents can be your best mentors and advisors.

実践しよう！

Put it into action

□わだかまりを解消する

親とあまり良好な関係ではないという人もいるかもしれません。つまらない意地を張らずに、和解をしましょう。過去のことは水に流すという度量を持ちましょう。

これまで伝えたくてもできなかったことがあれば、話をしてすっきりしましょう。親はもちろん、相手が誰であれ、心にわだかまりを残していては、良好な関係は築けないのです。

□一緒に多くの時間を過ごす

親の立場に立って、話を聞きましょう。親は、あなたと頻繁に会いたがっているでしょうか？里帰りをしたときには、もっと長く滞在してほしいと思っているでしょうか？　もっと電話で声を聞きたいと思っているでしょうか？　私自身の親としての体験から言えば、親というものは子供と一緒に多くの時間を過ごしたがっているし、気にかけてもらいたいと思っているものです。

子供がこれくらいで十分だと思っていても、親にとってはそうではないのです。「どれくらい里帰りをすればいいのか、どれくらいの頻度で電話をすればいいのか」は直接には尋ねず、自分自身でよく考えましょう。決まったルールはありません。毎日話しても抵抗がない人もいれば、月に一回で十分な人もいます。頻度は低くても有意義な会話をするほうが、短い電話で様子を尋ねるだけよりも良い場合もあります。自分に合った方法を見つけましょう。

成功者の習慣
50

よく笑う

Laugh more

成功する人は笑顔で周りを明るくし、成功しない人は笑いの価値を低く見積もる

「笑いは人を結びつける。どんなに相手とのあいだに距離があっても、社会的な立場が違っても、大笑いしているときにはまったく関係なくなる。笑いはデモクラシーなのだ」

――ジョン・クリーズ（イギリスのコメディアン）

笑いはあなたの命を救います。大げさに聞こえるかもしれませんが、研究によって、笑いには血圧の低下、ストレスホルモンであるコルチゾールの減少、幸福感を生じさせるエンドルフィンの分泌、細菌や呼吸器感染症に効果がある重要な抗体の増加など、様々な健

康効果を促すことが明らかになっているのです。笑いでカロリーが消費されることもわかっています。

笑いは伝染します。ユーチューブに、ロンドンの地下鉄で行われた面白い実験の動画が投稿されています。サクラである乗客の一人が、突然、こみ上げる笑いをこらえきれないかのように大笑いを始めます。すると、周りの乗客は、なぜその人がこんなに楽しそうにしているのかも知らないまま、つられて笑い始めます。人は、幸せそうで、前向きな人に自然に引きつけられるのです。

つまり、笑うことは良いことであり、人を引きつけます。真面目な話として、健康のために日常生活に笑いをもっと取り入れることを考えましょう。

成功のための格言

笑うことは良いことであり、人を引きつける。健康のために日常生活に笑いをもっと取り入れることを考えよう

...laughing is good for you and it makes you popular, too.

Put it into action

実践しよう！

□笑いを増やすための練習をする

日々の生活の中で、もっと笑いを増やしていきましょう。日頃はあまり笑う機会がないという人は、次のことに取り組んでみてください。

・リラックスし、他人に対してポジティブな態度をとることを心がける。相手の話を聞くときは微笑む。
・毎日の暮らしの中で、面白く楽しい気分が味わえる瞬間や休憩手段を探す。
・コメディ映画を見る、ジョーク本を読む、楽しい体験を積極的に求める。

あなたの幸せな気分を奪うものが何かを把握しましょう。人を暗い気分にさせるような人たちと過ごす時間を減らし、相手のせいであなたの気分が沈まないようにします。

□周りがそうではなくても、前向きな態度をとる

周りの雰囲気に流されずに、ポジティブな態度が取れる人間になりましょう。誰かが落ち込んでいても、あなたが笑うことで、その場の雰囲気が明るくなります。

日常生活の中では、楽しく幸せな気分を表に出しにくい状況もあります。しかし、堅苦しく、重苦しい雰囲気のとき、人は誰かに笑いで緊張を解きほぐしてほしいと思っているものなのです。

成功者の習慣
51

自分らしさを大切にしている

Stay unique

成功する人は自分を押し通す強さがあり、成功しない人は周りに流される

「誰かを嫉む気持ちから生まれた目標は、決して有意義なものにならない。人を羨ましがることは、エネルギーの浪費だ。私たちは一人ひとり違っている。ある人を幸せにするものが、自分にとってもそうであるとは限らない」

——マルクス・バッキンガム（イギリスの作家）

人間には個性があります。双子でさえ、性格や好みは違うものです。作家のジェイソン・メイソンは、こう語っています。「人はみな、オリジナルとして生まれる。だから、コピーとして死ぬべきではない」

もちろん、生きていくためには周りに合わせなければならないこともあります。私たちは学校や家庭で「空気を読む」ことを学び、大人になってもそれを続けます。会社でも家庭でも、人に意見を合わせ、同じような恰好をして過ごしているのです。

しかし、自分の意見を通すべきときもあります。人から意見されたり反論されたりするのを恐れて安全なエリアに逃げ込もうとしているときには、特に気をつけなければなりません。自分らしく生きるためには、周りに流されてばかりではいけません。スティングの名曲『イングリッシュマン・イン・ニューヨーク』の歌詞にもあるように、周りからなんと言われようとも、あなたは自分自身であるべきなのです。

成功のための格言

スティングの名曲『イングリッシュマン・イン・ニューヨーク』の歌詞にもあるように、周りからなんと言われようとも、あなたは自分自身であるべきなのだ

If you're going to be true to yourself, there will be many moments in your life when–to paraphrase Sting–you have to be yourself no matter what they say.

Put it into action
実践しよう！

□自分にはどんな個性や好みがあるか？

ある人のことをよく知るためには、職場や家庭、プライベートでの行動をよく観察することが必要です。自分を客観的に観察するつもりで、どんな人間なのかを考えてみましょう。性格の特徴や、やりたいこと、好きなこと、過去に体験してきたことを書き出しましょう。そして、自分の個性を日常生活の中で発揮できているか、それとも隠しながら生きているか、チェックをつけながら一つひとつ確認していきましょう。次のように、押し隠している「自分らしさ」はないでしょうか？

・動物が好きなのだが、親やパートナーが家でペットを飼うのが嫌いなので我慢している。
・自然豊かな田舎で暮らしたいのだが、通勤を優先させるために郊外で暮らしている。
・海外旅行では大自然に触れるような体験をしたいが、友人に合わせて観光地を巡るパッケージ旅行を選んでしまう。

リストを見て、自問しましょう。自分らしさを抑えてはいないだろうか？　誰かに必要以上に合わせたり、人の真似をしたりしているところはないだろうか？

□人の真似をやめる

人の夢ではなく、自分の夢を追いかけましょう。私たちはみんなそれぞれ求めていること、やりたいことが違います。それなのに、他人の生き方に巻き込まれているのです。

世間体ばかり気にして生きる必要などありません。自分自身の夢を追いかけることに、時間と労力を注ぎ込みましょう。

成功者の習慣
52

良質の睡眠をとっている

Sleep well

成功する人は眠りの質を高める努力をしていて、失敗する人は眠りの質を落とすことをしている

「あなたの人生は、あなたの睡眠の質を表している。あなたの睡眠の質は、あなたの人生を表している」
――ラファエル・ペラーヨ（アメリカの医師）

米国立睡眠財団によると、人間は眠いときに眠ろうとしないことがある唯一の哺乳類です。イルカやライオンなどは、疲れたらすぐに眠ります。しかし人間だけは、読書や仕事、遊びなどのために、夜遅くまで活動を続けようとするのです。

睡眠不足は私たちの心身に様々な問題を引き起こします。頭が冴えず、集中力が落ち、

気分が優れず、覇気が無くなります。睡眠不足が慢性化すると、その影響は深刻化します。免疫力が弱まり、心臓病や糖尿病のリスクが高まり、性欲が減退します。

週末の「寝だめ」で平日の睡眠不足をカバーしようとしてはいけません。研究によれば、月曜日の朝に憂鬱な気分になるのは、週末に睡眠パターンが崩れたために生じた軽度の「時差ぼけ」のような症状に苦しんでいるためです。週末の「寝だめ」がダメなら、どうすれば睡眠不足の問題を解消できるのでしょうか?

成功のための**格言**

睡眠不足は私たちの心身に様々な問題を引き起こす

Sleep deprivation causes all kinds of problems.

Put it into action

実践しよう！

□悩み事を寝床に持ち込まない

眠りに落ちる瞬間まであれこれと考え事をしていると、翌朝に起きた瞬間から、同じ問題で頭がいっぱいになっています。これでは疲れはとれません。寝室でメールの返事をしたり、心配事をしたりしていると、睡眠の質は低下します。就寝の一時間前には寝床に入り、頭のスイッチをオフにして、現実の問題はすべていったん忘れてしまいましょう。ストレスの原因になるようなことはせず、本を読んだり、音楽を聴いたり、ストレッチをしたり、バルコニーに座って夜空を見上げたりしましょう。

□睡眠環境を整える

良質の睡眠がとれれば、翌日は一日中、頭がスッキリして活力に満ちた状態で過ごせるようになります。寝室では携帯電話の電源を切り、騒音や光に睡眠を邪魔されないようにしましょう。

遮光ブラインドを取り付ける、窓をしっかりと閉めるといった工夫をして、静かで暗い環境をつくりましょう。どうしても無理なら、眠る部屋を替えることも検討しましょう。

朝は余裕をもって目覚めましょう。起きるべき時間よりも数分間早くアラームを設定し、ストレッチをする、水を飲むなどして、ゆっくりと身体を目覚めさせるための時間をとりましょう。

成功者の習慣
53

信念を曲げない

Go your own way

成功する人は相手を落胆させることを恐れずに自分を貫き、成功しない人は容易なアドバイスに流される

「静かに準備を整えれば、どんな失望も埋め合わせられる」

――ヘンリー・デイヴィッド・ソロー（アメリカの思想家）

誰かを失望させてしまうのは、あなたが自分の人生を切り開くために避けては通れないことです。世の中には、お節介な人がたくさんいるものです。頼んでもいないのに、こうあるべきだ、こうすべきだとアドバイスをしてきます。「あの学校にはいいコースがある

から、そこで勉強すべきだ」「あの町やあの地域では、家を買ってはいけない」「会社をやめるなんて馬鹿なことを言うんじゃない。人生を棒に振るぞ」

そのアドバイスに従うのが理にかなっていることもあります。しかし、その善意のアドバイスは、相手のことをよく理解したうえでのものというよりも、アドバイスをしている本人の願望や期待が投影されたものにすぎない場合があります。そのような場合には、たとえそれが身近な人からのものであったとしても、そのアドバイスには従うべきではありません。

アドバイスに従わないと、相手をがっかりさせてしまうこともあります。しかし、本当に自分自身に正直に生きようとすれば、必ず誰かを失望させてしまうものなのです。あなたのことを本当に愛し、理解している人なら、その失望を長引かせたりはしません。これらの人たちと話し、自分がなぜその決断や選択をしたかを理解してもらうように努めましょう。作家のドクター・スースは述べています。「自分に正直になり、思ったことを言葉にすればいい。それについて文句を言う人に限って、あなたのことを何とも思っていないし、あなたにとって大切な人は、あなたの本音の言葉を受け入れてくれるものなのだから」

成功のための**格言**

本当に自分自身に正直に生きようとすれば、誰かを失望させてしまうのもやむを得ない

...being true and authentic to yourself will always disappoint somebody out there.

Put it into action

実践しよう！

□罪悪感を乗り越える

身近な人の提案とは反対のことをするときに、罪悪感を覚えるのは自然な反応です。自分がBを選びたいと思っているのに、身近な人から「Aを選ぶべきだ」と言われたら、そのアドバイスを無視するのは簡単ではありません。罪悪感があるのを認めましょう。なぜ自分がBを選択した

のか、その理由を詳しく説明するのもいいでしょう。

誰かを失望させたと思ったときは、その体験から何かを学ぶチャンスでもあります。また、相手はあなたが思うほど失望してはおらず、むしろ自分の意見を貫いたあなたを評価していることもあります。状況を冷静に眺めてみましょう。

他人のアドバイスのほうが正しかったときは、心の準備をしておきましょう。相手に「だから言っただろう」と言われても、気にしすぎる必要はありません。私たちは誰でも間違いを犯します。その失敗を糧にして、前へ進みましょう。

□あなたが何をしても認めようとしない人への対処法

世の中には、あなたが何をしても、あなたのことを評価しようとしない人たちがいます。こうした相手とは、できるだけ関わらないようにするのが得策です。一緒にいる時間を減らし、計画や夢について語らないようにしましょう。

成功者の習慣
54

シンプルに生きている

Seek simplicity

成功する人は物事をシンプルにしようとし、成功しない人は複雑にしようとする

「なまじ頭がいい者は、物事を大きく、複雑にしてしまう。これを逆の方向に動かすには、ひらめきと勇気が必要だ」

――エルンスト・フリードリッヒ・シューマッハー（イギリスの経済学者）

私たちは、忙しくしていることが当たり前で、世の中のあらゆる物事に関心を持ち続けることを求められるような社会に住んでいます。その結果、人生を実際よりもはるかに複雑なものだと考えてしまっています。

忙しくない、世の中の動きについていけないことは、恥ずかしいことだと見なされています。だから予定や用事をたくさん詰め込んで、わざわざ忙しい毎日を過ごしているのです。仕事は忙しいかと尋ねられて、「いいえ、ものすごく暇です」と答える人などめったにいません。

そのくせ、年に一度の長期休暇で南の島に遊びに行き、何も考えずにゆったりと過ごすことを心待ちにしているのです。休暇の間だけ、シンプルな時間を過ごすのはとてももったいないことです。

シンプルに考え行動することは、私たちを成功に大きく近づけます。しかし、それを実現するのは簡単なことではありません。「シンプルに生きるためのルール」を定め、時間や目標、日常生活をすっきりとさせるためには、勇気と決断力が必要だからです。

成功のための**格言**

シンプルに考え行動することは、私たちを成功に大きく近づける

Simplicity is the smart choice for successful people...

Put it into action

実践しよう！

□物事をできるだけシンプルにする

「ＫＩＳＳの原則」（シンプルにしておけ、この間抜け！＝Keep it simple, stupid.）は、物事は単純にしておけ、ということを伝えるときに昔からよく使われてきたアドバイスです。どんなことをしているときでも、「これをもっとシンプルで単刀直入に行う方法はないだろうか？」と自問してみましょう。対人コミュニケーションをシンプルにするための簡単な方法は、「できることしか約束しない」です。たったこれだけで、約束を破る、期日や集合場所に遅れる、誤解を与える、といった問題を大幅に減らせます。

□モノを減らす

何かを購入する前には、よく考えましょう。一つモノを買ったら、一つ捨てるというルールを定めましょう。不要なものを少しずつ減らしていきましょう。

成功者の習慣 55

今、実行する

Do it today

成功する人はすべきことを今日実行し、成功しない人は明日に先送りする

「人生は綱渡り。慢心が一番危ない。何かをやろうとしているのなら、今すぐすべきだ。明日では遅すぎる」

——ピート・ゴス（イギリスの冒険家）

「先延ばし」は成功の大敵です。今日しなければならないことを明日に先送りする人は、失敗への道を歩いているようなものです。先延ばしの問題に苦しむ人は、「今すぐ始めないのはなぜか？」「今すぐに始めないことで支払わなければならない代償は何か？」を考

えるべきです。「先送りすることで、将来にどんなデメリットが生じるか？」を頭に浮かべることが重要なのです。今できることを先送りしていると、本当に大切なことをしなければならなくなったときに時間が足りなくなってしまいます。

・重要な話を先延ばしにすると人間関係が壊れることがある。謝るのを避けていないか？
・今日、運動やダイエットを始めなくても、たいした問題ではないように思える。だが、明日、明後日と先延ばしを続けていけば、健康にどんな悪影響が生じるだろうか？

俳優のクリストファー・パーカーは、「先延ばしはクレジットカードのようなものだ」と言います。つまり、先延ばしは「今さえ楽しければいい」という発想に基づいています。しかしその楽しさが続くのは、びっくりするような額の請求書が届くまでなのです。

成功のための格言

「先延ばし」は成功の大敵。今日しなければならないことを明日に先送りする人は、失敗への道を歩いているようなもの

...if you are happy to fail in any aspect of your life, start by avoiding doing today what needs to be done.

実践しよう！

Put it into action

□先送りの原因を考える

今すぐ行動できない理由を考えてみましょう。

・土壇場まで追い込まれないと何かを始めようとしない、怠惰な性格。
・その行動が重要だと感じていないから、やる気が出ない。
・そもそも、どうすればそのタスクを終わらせることができるかがよくわかっていない。
・失敗することや、うまくいかなくて恥をかくことを恐れている。

□小さく始める

先送りを解消するためのテクニックを紹介します。

1．今日、これまで先送りしていた何かを始めると決意する。

2. タスクを「一口サイズ」に分割する（どんな大きなタスクも、小さなステップに分けられる）。
3. 今日、いくつのステップを実行するかを決め、実行する。
4. 明日の目標のステップ数を定める。

□先延ばしのリスクを考える

先延ばしをする理由が何であれ、「次の二つのうち、どちらをとるか」と考えることは効果的です。

1. 歯を食いしばり、目の前の不快感や不安、ストレスに対処しながら、今すぐ行動する。
2. 先送りして、「評判や信頼を落とす」「あなたがそれをするのを待っている人たちに迷惑をかける」といった悪影響を生じさせる（結局は、あなたはこれらの悪影響の後始末をしなくてはならなくなる）。

今日できることを明日に先延ばしする価値はあるでしょうか？ 疑問があるなら、今すぐ始めましょう。

成功者の習慣
56

モノより経験を優先させている

Seek experiences over things

成功する人は「コト消費」の価値を知り、成功しない人はモノにばかり金を使おうとする

「モノではなく、経験を買おう。経験に金を使えば、もっと幸せになれる。モノは壊れ、すぐに陳腐化するが、経験の記憶は思い出す度に良くなっていく」

――ジーン・チャッツキー（マネーの専門家）

「楽しい休暇旅行を過ごしたこと」と「大切なモノを買ったこと」。あなたは、どちらをよく覚えているでしょうか？　おそらく、旅の思い出のほうが印象が強いはずです。コーネル大学心理学教授のトーマス・ギルオービックによれば、旅行などの経験にお金を費やす「コト消費」は、物質的なモノにお金を費やす「モノ消費」よりも永続的な幸福感と充実感をもたらします。

旅行、芸術鑑賞、習い事などの経験は、人生への満足感を高め、私たちを幸せな気持ちにします。意外にも、失敗した経験でさえも、私たちに前向きな記憶や感情を与えてくれます。海外旅行で訪れたギリシャで荷物をなくした、フランスでトラブルに見舞われたといった出来事や、アメリカのブロードウェイで鑑賞したミュージカルが面白くなくてがっかりしたという経験も、時の経過とともに良き思い出となり、私たちの心に永遠に生き続けます。

一方、モノを買うことは、一時的には私たちを幸せにしてくれます。しかし、「外れ」のモノを買っても、それは通常、時の経過と共に良き思い出になったりはしません。さらに、モノはすぐに時代遅れになります。数カ月もすればすぐに高性能の新製品が登場してしまうからです。

私は最近、「コト消費」の価値を見事に表した言葉を目にしました。それは、「自分の人生を変えるような旅にお金を使ったことを後悔している人は、この世の中に一人もいない」です。

成功のための**格言**

経験にお金を費やす「コト消費」は、物質的なモノにお金を費やす「モノ消費」よりも永続的な幸福感と充実感をもたらす

Experiences bring enduring happiness and fulfilment.

Put it into action

実践しよう！

□幅の広い経験をしよう

経験は二つに大別できます。

1．参加型。ボランティア活動、スポーツ、芸術活動、旅行、習い事など。
2．鑑賞型。映画館や美術館に行く、建築物を観賞する、など。

この二つを自分なりにうまくミックスさせて楽しみましょう。お金を理由に躊躇すべきではありません。無料で鑑賞できる美術館や展示会など、工夫次第でコストをかけずに経験できることはたくさんあります。

次の休日になったら、さっそくボランティア活動に参加する、外国語のレッスンを始めるなど、有意義な経験を始めてみましょう。

□経験を楽しんでいるときは、写真を撮りすぎないこと

何かを経験するときは、ずっとカメラのレンズを覗いてばかり、といったことにならないように気をつけましょう。ギリシャ旅行をしてアクロポリスの丘の上に座っているときは、その瞬間そのものを味わいましょう。カメラを通してではなく、光景を目に焼き付けましょう。

写真は後でそのときのことを思い出すのには役立ちますし、誰かと共有することもできます。しかし、一番記憶に残るのは、その瞬間を全身で体験することです。何枚か写真を撮ったら、後はカメラをしまいましょう。

成功者の習慣
57

目標を書き出している

Have clearly written goals

成功する人は夢を「目標」に落とし込んでいて、成功しない人は「願望」しか抱いていない

「目標があるなら、それを書き出そう。書き出さないなら、それは目標ではなく、ただの願望だ」

――スティーブ・マラボリ（アメリカの行動科学者、コンサルタント）

一見すると不可能に思える夢も、目標としてはっきりと書き出すことで実現が近づきやすくなります。一九六一年、時のアメリカ大統領ジョン・Ｆ・ケネディは、一九六〇年代の終わりまでに人類を月に到達させるという夢を表明しました。それはＮＡＳＡによって、明確に定められた目標になりました。そして一九六九年七月、「六〇年代の終わり」とい

う目標まであと残り五カ月の時点で、宇宙飛行士のニール・アームストロングが人類で初めて月面にその一歩を刻んだのです。

あなたは、はっきりと書き出すことで、自分自身の「月面着陸」に匹敵する大きな夢を、実現可能な計画や目標に落とし込んでいるでしょうか？　目標を書き出すことで、達成の可能性は大幅に高まります。目標を書くことで被験者の成功率が四二％向上したことを明らかにしたドミニカン大学カリフォルニア校の実験など、これを裏付ける研究は多数あります。

ただし、ただ「夢」を書き出して、それを「目標」と呼ぶだけでは十分ではありません。目標はできるだけ詳しく、明確に設定しなければなりません。そうすることで、次のようなメリットが得られるからです。

- **本当に達成したいことが明確になる。**
- **目標を覚えやすくなる。**
- **達成への動機を高める行動計画をつくれる。**

「経理部長になりたい」という目標があるのなら、目標をさらに細かく分割して、「一八カ月以内に会計士の資格を取得する」「一回目の試験で合格する」「三年以内に経理部長になる」としたほうが、はるかに効果的です。

成功のための**格言**

一見すると不可能に思える夢も、目標としてはっきりと書き出すことで実現しやすくなる

Dream can become reality with the help of a clearly written goal.

Put it into action

実践しよう！

□「目標日誌」をつける

イギリスの起業家リチャード・ブランソンは、目標を書き出すのが大好きです。二〇一六年の冒頭には、自身のブログで「新年の誓い」について触れ、アイデアや目標を書き留めるためのノートを常に持ち歩くように勧めています。もし目標を紙に書き留めるという熱心な習慣がなければ、ブランソンはこれほど多くの成功を手に入れられなかったはずです。

目標を書き出しましょう。今日からでも、達成したいことや、やりたいことの幅広い範囲のリストを作成しましょう。日記帳やノート、パソコンや携帯電話など、媒体は何でもかまいません。とにかく、書くことが大切です。

書き出した目標は、最初は遠い夢のように感じられるかもしれません（「大きな家に住みたい」、「大金を稼いで若くして引退したい」「年を取っても健康でいたい」）。それは目標の「草案」のようなものです。そこから、「スマート（ＳＭＡＲＴ）の法則」に従い、次の条件を満たしている目標を設定しましょう。

・具体的（Specific）
・測定可能（Measurable）
・達成可能（Attainable）
・現実的（Realistic）
・期限付き（Timeframe）

「SMARTの法則」は、ビジネス向けコーチングの開祖であるジョン・ウィットモアが提唱したもので、効果的な目標設定をするうえで大きな効果があるとされています。しかしほとんどの人は、この法則に則った目標設定をしていません。

書き出した目標は目に触れやすい場所に掲げ、折に触れて読み返しましょう。自分の進むべき道を再確認できます。途中で修正はできますが、以前のバージョンも残しておきましょう。過去に定めた目標が、当時と同じくらい現在でも有効性を失っていないケースが多いことに気づいて、驚くかもしれません。

家族や同僚などと一緒に目標を設定するのもいいでしょう。書き出した目標について話し合い、お互いにそれをどのように達成するかを計画しましょう。自分の目標を、信頼している人や、指導や助言を受けたいと思っている人と共有するのも効果的です。

成功者の習慣 58

読書をしている

Give reading your full attention

成功する人は本を読んで知見を広げ、成功しない人は読書習慣がないため視野が狭い

「本のページに印刷された文字を読むことで、私はどれほど新しい世界を知り、豊かになっただろうか。本は、一冊の中のわずか三ページで、読者の人生を変えることができるのだ」

――エモーク・ブラッチ（アメリカの書店経営者）

ピュー研究所とイギリス政府の統計によると、読書習慣がある人はアメリカ人の五五％、イギリス人の六五％しかいません。本をまったく読まずに、真に成功した人生を送るのは至難の業だと言えます。なぜなら、読書は世の中や自分自身への理解をとてつもなく深め

てくれるものだからです。作家のオスカー・ワイルドも、「実用的な目的のない読書の積み重ねが、人をつくる」と述べています。

読む本は、フィクションでもノンフィクションでもかまいません。分厚い本を読むのも良いですが、薄い本や新聞、雑誌、ブログでも問題ありません。重要なのは、心の栄養となり、アイデアや高揚感を与えてくれるような文章に触れることです。読書は、目の前に新たな世界を広げてくれます。私たちは著者の経験を通して、新しい視点を得ることができます。

仕事や勉強など、自分の専門分野の本を読むことで、他者との会話や議論を深く豊かなものにでき、最新の知識も得られます。意思決定やクリエイティブなブレーンストーミングの場に、積極的に参加できるようにもなるでしょう。

読書によって、私たちは物事を広く、深く理解できるようになるのです。

成功のための格言

読書は、目の前に新たな世界を広げてくれる。私たちは著者の経験を通して、新しい視点を得ることができる

...reading gives you a broader and deeper understanding of things.

Put it into action

実践しよう！

□精読する

スマートフォンでＳＮＳやニュース記事を閲覧しているときのような、流し読みばかりするのはやめましょう。一冊の雑誌や本をじっくりと読みます。通し読みをすることで、内容が頭に入りやすくなり、考えも深まります。

□読む対象を意識的に選ぶ

自分の好みや興味に合ったものを読みましょう。ベストセラーばかりに手を出すべきではありません。本当に成功したいのなら、あなた独自の知見を広げてくれるような本を意識的に探して読むべきです。書店を歩き回り、背表紙を眺め、興味を引く本がないか探してみましょう。作家の村上春樹も、「他のみんなが読んでいる本だけを読むのなら、他のみんなと同じ考えしか得られない」と語っています。

□ブッククラブやディスカッショングループに参加する

志を同じくする読書好きの人たちとつながり、面白い本を探し、紹介し合いましょう。小説が好きなグループもあれば、自然やビジネス、天文学といったノンフィクションのジャンルに特化したグループもあります。

□書くことに挑戦してみる

自分でも何か発言したくなったら、書くことを始めましょう。自分のアイデアやストーリー、理論を、ブログや記事、本に仕立てましょう。何年ものあいだ考えてきたものでもいいし、シャワーを浴びている最中にふと思いついたものでもかまいません。自費出版してもいいし、出版社を探してもいいでしょう。本が出版されたら、大きな充実感を味わえます。新たな書き手として注目されるかもしれません。

成功者の習慣 59

簡単に腹を立てない

Get a thick skin

成功する人は嫌な言葉をうまく受け流し、成功しない人はいちいちやり返す

「被害妄想はやめよう。誰もあなたのことなど気にしていない。人はそれぞれ自分の夢や現実に従って行動しているだけだ。他人が何を言おうと、何をしようと平気でいればいい。そうすれば、不要な苦しみから解放される」

――ドン・ミゲル・ルイス（メキシコの作家）

人の言動にいちいち気分を害していると、成功への道のりは険しくなります。意図的であれ偶然であれ、他人と接していると腹が立つ瞬間はあるものです。パーティーの招待状

リストに自分の名前が漏れていたり、路上ですれ違った知り合いに無視されたり、「この前会ったときよりも太ったよね?」といった無神経な言葉をかけられたり――。一日を穏やかに過ごすためには、いたずらに心が傷つかないように対処しなければなりません。

簡単ではありませんが、いちいち他人の言動にイラついてやり返していたら、あなたの周りからは人がいなくなってしまいます。他人は自分の思考や感情に従っているだけであり、あなたのことなど特に気にしてはいないということを忘れないようにしましょう。

穏やかな気持ちで生きていると、それは他人との関係の中にも反映されます。相手に共感し、落ち着いてコミュニケーションをします。逆に、自分の人生に腹を立てたり、つらい思いをしたりしていると、対人関係でも冷たくなり、辛辣になります。

もし他人の言動が気になったら、腹を立てるのではなく、「つらい毎日を送っているのだな」と相手を哀れむ気持ちを持つようにしましょう。

成功のための格言

もし他人の言動が気になったら、腹を立てるのではなく、「つらい毎日を送っているのだな」と相手を哀れむ気持ちを持つようにしよう

It is better to take pity than to take offence.

実践しよう！

Put it into action

□冷静に受け流す

誰かに腹の立つことを言われても、感情をあらわにしないようにしましょう。次の三ステップの対処法を習慣化できるように訓練しましょう。

1. 一〇まで数える。
2. 笑顔を浮かべる。
3. その場から立ち去る。

冷静になり、相手の言葉をやりすごして、その場から離れましょう。もちろん、嫌な思いをさせられた相手のことは覚えておいて、距離をとるようにしましょう。しかし、その場で激昂するようなことは慎みましょう。

□ときには反論する

相手に何かを言い返すべきときもあります。それはたとえば、あなた自身ではなく、家族や友人など、大切な人を侮辱されたときのような場合です。冷静に、大人として自分の考えを相手に伝えましょう。相手の非礼な言葉や態度が意図的なものかどうかを確認します。必要ならば、謝罪を求めましょう。

□失礼な相手とは関係を絶つ

他人の発言や行動をコントロールすることはできません。ただし、相手から離れることはできます。相手の言葉はできるだけ善意で解釈しようと努めるべきですし、何かを言うときには冷静に伝えるべきです。ただし、それでも相手が何度もあなたを立腹させるようなことを言ってくるのなら、その人からは距離を置くようにしましょう。

成功者の習慣
60

寛容である

Be generous

成功する人は他人のために何かをすることを大切にし、成功しない人は自分のことばかり優先させている

「人は、我が子のためになら自分を犠牲にできる。ビスケットの最後の一枚を子供に食べさせる。私はこの寛容さを、家族や隣人、村人にまで広げることが、人生を豊かにする秘訣だと考えている」

――トム・ストッパード（イギリスの劇作家）

研究によって、人間は恵まれない人たちのためなら、進んで時間やお金を捧げようとすることがわかっています。これは嬉しいニュースです。つまり統計データは、あなたがすでに寛容であることを示しているのです。

しかし、誰もが寛容だとしたら、次のステップは何でしょうか？　本当の寛容さとは、ホームレスに数枚のコインを渡すことだけではありません。その人に話しかけ、状況を把握し、食料を買うなどの必要なサポートをすることです。ユーチューブでは時々、ホームレスが寒さをしのげるように、自分が着ていた服を脱いで渡す人の動画に注目が集まったりします。このように、自分のことなどかまわず、他人を助ける行為ができる人こそが、真の成功者だと言えるでしょう。

寛容さはお金や時間の問題だけではありません。他の人なら何もしないような場面でも、人に感謝することを忘れず、お礼の言葉をかける。こうした行為は、その人の寛容さを際立たせます。見返りを期待しないことも大切です。本当に寛容な人は、見返りなど求めません。イギリスの文学者ジョン・バニヤンはこう述べています。「見返りが期待できない相手にも施しを与えることが、真の人生を生きることである」

成功のための格言

自分のことなどかまわず、他人を助ける行為ができる人こそが、真の成功者である

That's what real success looks like–being the person who gives without thinking about themselves to help others.

Put it into action

実践しよう！

□小さなことから

寛容になるために、次のようなことを実践してみましょう。小さな親切には、大きな意味があります。意外な場面で寛容に振る舞えば、相手に喜んでもらえることが多いからです。

- バスの席を譲る。
- パートナーのために、週末の過ごし方のプランを考えて伝える。
- 隣人の旅行中に、猫の世話をすると申し出る。
- 仕事を早く切り上げて、子供のサッカーの試合やダンスの発表会を観戦、鑑賞する。
- 同僚にサプライズの誕生祝いをする。
- 仕事に苦労している同僚に手を貸す。

□他人の寛容さを褒める

他人の親切や寛容さを目にしたら（特に、見返りを求めないで誰かのために何かをしている場合は）、その人を褒めるようにしましょう。直接、称賛の言葉を伝えてもいいですし、その人を褒める言葉を公に発信してもいいでしょう。私は時々SNSでこれを実践しています。「今日、ダウンタウンのコーヒーショップのオーナーが、ホームレスに無料でコーヒーとベーグルを分け与えていた。素晴らしい寛容さだ。陰のヒーローだ」というふうに投稿するのです。あなたもぜひ、このように寛容な行為を目にしたら、それを本人や周りの人に伝えるようにしてみてください。

成功者の習慣 61

健康的な食生活をしている

Eat and drink well

成功する人は食生活に気を使い、成功しない人は無頓着に好きなものを飲み食いしている

「健康を保つ唯一の方法は、嫌いなものを食べ、好きではないものを飲み、したくない何かをすること。つまり、健康的な食事をして、運動をすることだ」

——マーク・トウェイン（アメリカの作家）

現代人は、食生活に様々な問題を抱えています。欧米では、肥満や摂食障害、糖尿病が増加しています。人々が安く手頃な食品を求めるにつれ、ファストフードや加工食品が広く普及するようになりました。糖尿病や心臓病、結腸がんなどの深刻な疾患に悩まされて

いると、成功を手にすることは簡単ではなくなります。

さらに、何を食べ、飲むべきかに関するアドバイスには矛盾するものが多く、私たちは何を信じていいのかわからなくなっています。各種の健康調査が、カフェインやタンパク質、赤ワインなどについて何が健康的で何がそうでないかを教えてくれますが、毎週のように主張が変わっているようにすら思えます。

まだ若くて健康のことなど特に気にかけてはいないという人でも、甘い飲み物やファストフード、加工食品、アルコールを摂取し続けていると、年を取ったときにそのツケが回ってきます。不健康な食生活が加齢を早め、免疫システムを弱め、寿命を短くすることを全否定できる人はいないはずです。

将来の健康を犠牲にして、目の前にある身体に悪い食べ物や飲み物を口にする人は大勢います。食べ物と飲み物には気をつけましょう。取り返しのつかないことになる前に。

成功のための格言

糖尿病や心臓病、結腸がんなどの深刻な疾患に悩まされていると、成功を手にすることは簡単ではなくなる

It's hard to claim to be having a successful life when you're ill with diabetes, heart disease or colon cancer.

実践しよう！

Put it into action

□何事も「ほどほど」が一番

「健康的なもの以外は一切口に入れない」のは至難の業です。ですから、大切なのはバランスだと言えます。明らかに不健康な食べ物や飲み物は避けるか、外食時だけはＯＫにする、といったルールを決めましょう。家庭では、油物や砂糖がたっぷり使われた食品は避けましょう。食生活の偏りを減らし、深酒はやめましょう。理想的には、身体が自然と健康に良いものを求めるようになることです。

□新しい健康習慣を取り入れる

医者からグルテン／ラクトース不耐症、糖尿病などと診断される前に、健康的な食生活を積極的に取り入れましょう。簡単に実践できる方法を紹介します。

・朝一番に水を飲む。
・朝食を抜かない。
・小腹が空いたら、果物やナッツを食べる。
・ホットドリンクに砂糖を入れない。
・おかわりはしない。
・寝る前に食べない。
・不健康な習慣を減らす（例「チョコレートとワインは週末だけ」というルールをつくる）。
・肉や乳製品を減らす、あるいはやめる（ベジタリアン食やビーガン食を試してみる）。

成功者の習慣
62

周りと調和が取れている

Seek and create harmony

成功する人はハーモニーを奏でるように生き、成功しない人は調子が外れている

「もし人生が、人間らしく調和の取れた生活をすることでないのなら、私にはそれが何を意味しているのかがわからない」

――オーランド・ブルーム（イギリスの俳優）

生きることは、音楽を奏でることに似ています。そして周りの人は、「あなたという曲」の調和が取れているかどうかをすぐに聞き分けられます。調子が外れていると、耳を覆いたくなるほどひどい音楽が聴こえてくることになります。あなたは自分自身や他人、世界

全体と調和する必要があるのです。

自分自身と調和するには、思考、行動、言葉、感情の四つとのハーモニーを奏でる必要があります。この四つと調和しているとき、物事は不安やストレス、緊張感なしに流れていきます。

他人と調和するには、正直、オープン、信頼、親切といったことが必要です。その反対は、嘘、対立、誤解、不信。世界全体との調和は、自然に優しい暮らしをする、地域に移住してきた外国人と仲良くする、といったことが考えられます。

あなた自身の調和が保たれていないとき、周りの人々との調和を保つことは困難です。ローマ皇帝のマルクス・アウレリウスは「自分自身と調和して生きる者は、宇宙と調和している」と述べています。

しかし残念ながら、調和を実現して生きている人は多くはないのです。

成功のための**格言**

生きることとは、音楽を奏でることに似ている。そして周りの人は、「あなたという曲」の調和が取れているかどうかをすぐに聞き分けられる

You compose your own life.

Put it into action

実践しよう！

□調和を保つ方法

アドバイスは簡単です。思考、行動、言葉、感情との調和を保つことです。

・減量したいなら、ダイエットと運動をする。
・誰かを助けると約束したら、それを忘れない。
・悲しくて落ち込んでいると感じたら、「一〇〇％大丈夫」というふうに無理をして振る舞わない。
・誰かが不親切で意地悪だと思ったら、「この相手との関係に問題はない」というふりをするのをやめる。

思考、行動、言葉、感情が矛盾しないようにしましょう。

□苦しくても、大きな見返りがあることを期待する

調和と共に生きることは、とても難しいことです。この本で紹介した一〇〇個の習慣の力をすべて借りなければならないほどです。ストレスが多く、短期間では苦しみを味わうでしょう。本音を伝えたり、やりたくないことをやめたりすれば、周りの人たちとのあいだに軋轢が生じるかもしれません。しかし長期的には、自分に正直になり、嘘偽りのない本当の人生を生きているという実感が得られるようになっていきます。その過程で、離れていく人もいるでしょう。しかしその代わりに、誠実でオープンな人間関係や友情を手にすることができるのです。

成功者の習慣
63

ワーク・ライフ・バランスを保っている

Get home on time

成功する人はメリハリをつけて働き、成功しない人はダラダラと残業している

「ハードに働く人と、スマートに働く人では、成功の尺度が違う」
――ジェイコブ・モーガン（アメリカの作家）

二〇一四年のアーンスト・アンド・ヤング社によるグローバル調査によると、過去五年間で、労働者の三人に一人がワーク・ライフ・バランスを保つのが難しくなってきたと答えています。夜遅くまで残業しなければならないと嘆く人はたくさんいます。企業がコスト削減やリストラ、合理化を進めた結果、従業員は少ない人数で多くの仕事をこなさなければならなくなりました。これまでの倍の仕事量を抱えながら、夕食に間に合うように帰宅するにはどうすればよいのでしょうか。

会社から仕事量を増やすことを求められたとき、私たちが対処できる方法は大きく二つあります。「これ以上は抱えきれない、と断る」か、「残業する」かです。断れば、次のリストラ候補にされてしまうかもしれないという不安も生じます。

同僚からのプレッシャーもあります。特に忙しくなくても、他の社員が全員残っているときに、最初に退社をするのは気が引けるからです。定時で仕事をすべて終わらせ、よほどのことがない限り残業はしないようにしましょう。これは、そのための方法を学ぶことで実現できます。

成功のための格言

定時で仕事をすべて終わらせ、よほどのことがない限り残業はしないようにしよう。これはそのための方法を学ぶことで実現できる

The ideal is to achieve everything within your normal hours...

Put it into action

実践しよう！

□スマートに働く

定時に帰るための秘訣は、スマートに働くこと。ただしこれは、二倍の速さで作業したり、すべてを急いでするという意味ではありません。できるだけ生産的、創造的、効率的に働くということです。

・**定時帰宅の意思を伝える**――毎日午後五時三〇分に退社したい、という自分の考えを同僚に知らせる。これは、同僚にも「定時に帰りたい」という気持ちを抱かせる効果がある。

・**一日の仕事を計画する**――朝一番で、今日完了させるべき仕事、方法、協力が必要な相手などを明確にしておく。

・**仕事を任せる**――自分の手が回らない、あるいは自分の専門ではない仕事は、うまく同僚や部下に任せる。

・**先延ばしをやめる**――すべき仕事を後回しにしたり、重要ではない仕事をダラダラと続けたりして、時間を無駄にしない。
・自分が世界一面倒くさがりの人間だと考える――面倒くさがり屋は、何事をするにも一番楽な方法を見つけ出そうする（ビル・ゲイツは、この理由のために面倒くさがり屋を雇うのが好きだと述べている）。世界一の面倒くさがりの人間なら、自分の一日の仕事をどのように終わらせるだろうかと考えてみよう。
・同僚にもスマートな働き方を勧める――スマートな職場環境やカルチャーが生み出されることにつながるため、組織全体にとってメリットにもなる。
・雑念を消して仕事に集中する――不安やプレッシャーは自分の頭でつくり出したものだということを自覚する。

成功者の習慣
64

老後をシミュレーションしながら生きている

Work for as long as you can

成功する人は今から老後を想定した生活を送り、成功しない人はすべてを引退後に考えようと思っている

「人の人生の後半とは、前半に蓄積した習慣以外の何物でもないように思える」

――フョードル・ドストエフスキー（ロシアの小説家）

仕事から引退すると、命が脅かされることもあります。スイスのエコノミスト、ジョーゼフ・ツウェイミュラーの調査によると、退職の時期が一年早まるごとに、人の平均余命は二カ月ほど縮まります。もしあなたが引退するまで人生の楽しみをとっておこうとしているのなら、それでは遅すぎるかもしれないということです。引退後ではなく、今から、ストレスのない、リラックスした、健康的な生活を送りましょう。

「人は人生の前半には後半に憧れ、後半には前半を後悔して過ごしている」というフランスのことわざがあります。私は最近、引退後の人たちに会い、「もし、若い頃の自分にアドバイスできるとしたら、引退後に最高の人生を送れるようにするための秘訣として、どんなことを伝えますか？」と尋ねました。答えは大きく三つありました。

- ・よく運動し、ヘルシーな食生活をして、健康を保つこと。
- ・もっと旅行し、「人生のやりたいことリスト」を減らしておくこと。年をとったときに思い出があるほうが、若い頃にできなかったことを後悔するよりもはるかに良い。
- ・急に引退すべきではない。突然仕事をやめるのではなく、まずは仕事量を減らしたり、パートタイムの仕事をしたりして、少しずつ慣れていくこと。

成功のための格言

仕事から引退すると、命が脅かされることもある

Retirement can kill you.

Put it into action

実践しよう！

□老後の生活を今日からシミュレーションする

多くの研究が、仕事をやめた後でそれまでの生き方を大きく変えるよりも、徐々に引退生活に入るほうが望ましいと指摘しています。退職の心配が不要な職業を選ぶことが理想的ですが、いつかは会社をやめなければならない日が来る給与所得者にはそれは困難です。

ですから、良い準備のために、今日から老後の人生をシミュレーションしてみましょう。

- ・ストレスを減らし、リラックスする。
- ・忙しすぎる、または何もすることがないことについて文句を言わない。
- ・目の前にあるものだけで満足する。
- ・活動や趣味のための時間を見つける。

私は最近、引退した友人と会いました。彼は以前から、「引退したらゴルフ三昧の生活をする」

と計画していました。しかし引退から一年が経過した今、次第にゴルフに飽き、退屈さを感じるようになってきたと言います。長いあいだ、人生の後半の理想的な過ごし方を心に描いていたにもかかわらず、実際にはその夢の日々が思ったほど素晴らしいものではないことに気づいたのです。そうならないためにも、老後の自分を今のうちにシミュレーションしておくことはとても大切なのです。

成功者の習慣 65

ボディランゲージを活用している

Have great body language

成功する人は身振りをうまく使ってコミュニケーションをしていて、成功しない人は非言語コミュニケーションに鈍感である

「ボディランゲージはとても強力なツールだ。私たちが会話で理解するものの八割は、言葉ではなく、ボディランゲージを通して伝わっている」

――デボラ・ブル（イギリスのダンサー）

好むと好まざるとにかかわらず、あなたの身振りは常に人の目に触れています。自分ではコミュニケーションを取っていないと思っていても、身振りで他人にメッセージを送っているのです。作家のジャロッド・キンツはこう述べています。「私はボディランゲージが大好きだ。言葉を口にしなくても、相手の話を聞かなくても、背中を向けていても、話せるからだ」

成功のためには、良好な人間関係を保つことが不可欠です。そしてそのためには、自分の身振りをコントロールし、相手の身振りをよく理解しなければなりません。ボディランゲージは、コミュニケーションでとても大きな役割を担っているからです。

他人を信頼していることを証明したいのなら、ボディランゲージでも同じメッセージを発信すべきです。腕を組み、アイコンタクトを避けていると、相手はあなたから信頼されているとは感じません。身振りは無意識のうちに相手の受け止め方に影響します。言葉と身振りが矛盾していると、「冷たい」「ずるい」といった印象を与えてしまうのです。

成功のための格言

成功のためには、良好な人間関係を保つことが不可欠だ。そしてそのためには、自分の身振りをコントロールし、相手の身振りをよく理解しなければならない

Control the non-verbal messages you're giving out.

Put it into action

実践しよう！

□第一印象は重要

ボディランゲージの意識的なコントロールが特に重要なのは、初対面の相手と接するときです。第一印象は大切です。一度相手に与えてしまった第一印象を変えることは、とても難しいからです。初対面の相手には、自信と信頼を感じさせるように振る舞いましょう。

・笑顔をつくり、相手の目を見て、しっかりと握手する。
・背筋を真っ直ぐに伸ばす。座っているときは、足をそわそわと動かさない。
・ドレスコードに合わせた服装をする。どのような服装をすればいいのかわからない場合は、フォーマルなものを着る（周りよりもラフな恰好をしてしまうことはありがちなので、気をつける）。

□悪い身振りを矯正する

自分のボディランゲージや非言語コミュニケーションが相手にどう伝わっているかは、簡単にはわからないものです。友人や家族に、自分の身振りの癖や、どんな印象を与えているかを尋ねてみましょう。耳が痛い指摘が返ってくるかもしれませんが、無意識の身振りによって相手に悪い印象を与え、就活の面接に失敗したり、デートで嫌われたりするよりもはるかにマシです。

成功者の習慣 66

友人を選んでいる

Choose your friends wisely

成功する人は自分を成長させてくれる友と付き合い、成功しない人は悪影響を及ぼす友人と付き合う

「あなたが出会う人は、すべて目的を持っている。あなたを試そうとする人、使おうとする人、説教をしようとする人。だが一番大切なのは、あなたの力を引き出してくれる人だ」

――作者不詳

「あなたがどんな人間かは、親友を五人見ればわかる」ということわざがあります。これは本当です。あなたは、自分が選んだ友人たちから、良くも悪くも大きな影響を受けているのです。

友人はあなたを成長させる存在にもなれば、悪い方向に向かわせる存在にもなります。同じ人と長い時間を過ごすと、考え方や行動はおのずと似通ってきます。以前は受け入れられなかったことも、その友人と一緒にいると簡単に受け入れられるようになっていくのです。サイコロジカル・サイエンス誌に掲載された二〇一三年の研究によれば、意志が強い友人を持つ人は、自制心が高まりやすくなります。コンシューマー・リサーチ誌に掲載された二〇一四年の研究によれば、素行の悪い友人を持つと、人は次第に同じような行為を取りやすくなります。

ある人を理解したいのなら、親友や過去の友人について話を聞いてみましょう。家族とは違い、友人は選べます。ですから、過去にどんな友情を培ってきたかを観察すれば、その人の趣向や性格を把握しやすくなります。理想は、あなたから最高のものを引き出し、成長を促し、常に側にいてくれる友人を持つことです。

成功のための**格言**

理想は、あなたから最高のものを引き出し、成長を促し、常に側にいてくれる友人を持つことである

...have friends who bring out the best in you, help you grow and will always stand by you.

Put it into action

実践しよう！

□勇気を持って友人を選ぶ

誰かと出会ったからといって、その人と友人にならなければいけないわけではありません。一緒にいると苦しく、不快感を覚えるのなら、関係を断ち切ることを考えましょう。次のような特徴の人たちに気をつけましょう。

- ・意地悪で不親切
- ・見下し、嫉妬する
- ・利己的でナルシスティック
- ・不快な価値観、意見、行動

こうした人たちから離れていく理由を、深く考え込む必要はありません。不満を伝えることもできますが、相手が変わることは期待すべきではありません。人は自分の短所に気づかないものです。何かを指摘されても聞く耳を持たなかったり、友情を壊したと非難したりするかもしれません。自分に正直になって、良い相手と付き合うようにしましょう。

□本当の友人と付き合おう

友人が離れていくのは悲しいことです。あなたが仕事をやめる、病気になる、離婚する、といった状況に陥ることで、友が離れていくことがあります。しかし、それは真の友人が誰であるかを試すチャンスでもあります。どんなことがあってもあなたの側にいてくれる、そんな友人を大切にしましょう。

成功者の
習慣
67

好奇心がある

Be curious

成功する人は自分で問題を見つけ出し、成功しない人は問題を立てる前に結論を出してしまう

「人間が前進し、新たな扉を開き、新しいことを続けるのは、好奇心があるからだ。好奇心は常に私たちを未知の方向へと導いてくれる」

——ウォルト・ディズニー（アメリカのアニメーター、ディズニーランドの創立者）

現代の社会では、好奇心を持つことがとても重要です。それは疑問を持ち、新たな可能性を探り、周りのものに心を開き、物事の仕組みを尋ねることです。好奇心は、人生を有意義なものにしてくれます。早まった結論に飛びつかないように、私たちに自制を促して

くれます。

人は誰でも、生まれつき好奇心旺盛です。赤ちゃんがどんなふうに周囲のものに反応しているかを見れば、そのことはよくわかります。学校教育や子育ては、やり方次第で生まれつきの好奇心を開花させることもできれば、スポイルしてしまうこともあります。専門家たちは、子供たちに自発的に質問をさせ、自分で答えを見つけることが重要だと言います。しかし残念ながら、成長するにつれて好奇心を失う人は少なくありません。誰かに指示され、答えを与えてもらうことを期待するような大人になって、社会に出て行くのです。

成功のために、子供の頃の好奇心を取り戻しましょう。心の奥に隠れている、好奇心旺盛な探検家をもう一度蘇らせるのです。次のようなことを考えるのを習慣にしましょう。

- **これをもっと簡単に、速く、美しく、安くするにはどうしたらいいだろう？**
- **この問題を新しい方法で解決するにはどうすればいい？**
- **このサービスを面白く楽しいものにするには？**
- **このアイデアを自分のデザインに取り込めないだろうか？**
- **世界的にこの魅力をアピールするための方法は？**

成功のための**格言**

現代の社会では、好奇心を持つことがとても重要である。それは疑問を持ち、新たな可能性を探り、周りのものに心を開き、物事の仕組みを尋ねることだ

Curiosity is an essential mindset in today's world.

Put it into action

実践しよう！

□質問のスペシャリストになる

急いで答えを探そうとするのをやめましょう。認知科学者のダニエル・ウィリンガムは、「人間は答えを出すことに熱心で、質問に十分な時間を割いていない」と述べています。好奇心から生まれる質問は、グーグル検索で得られるよりも良い答えを導いてくれます。好奇心を持てば、早急な結論や浅い理解で終わることなく、深く考え抜かれた知識が手に入るのです。

□退屈とさよならする

簡単に退屈な気分に陥らないようにして、身の回りの物事に常に関心を持つようにしましょう。ただし、退屈と集中力の低下を混同してはいけません。会議の席などで疲労から集中力が落ちてくるのは自然なことであり、問題ありません。ストレッチをして、コーヒーでも飲みましょう。休憩を終えたら、再び集中しましょう。どんな出来事や意見にも疑問と好奇心を向け、学び、改善する方法がないかを探りましょう。次のようなことを念頭に置くとよいでしょう。

- ・全員が見落としているポイントはないか？
- ・議論を面白くするにはどうすればいいか？
- ・今、周りにいる人を観察することで、何を学べるか？

成功者の習慣
68

約束を守る

Do what you say

成功する人はできない約束はしない、成功しない人は安請け合いをしてしまう

「人は、誰かと話をしているとき、気づかずに約束をしてしまうことがある」

——ジョン・グリーン（アメリカの作家、『さよならを待つふたりのために』より）

約束は守るべきです。約束したことを実行すれば、信頼が高まります。信頼は重要です。世の中を渡っていくうえで、これほど大切なものはありません。しかし信頼は、築くのには時間がかかり、たった一度の過ちですべてが失われてしまうこともあります。

私たちの一日は、約束を試される小さな瞬間に満ちています。たとえば朝、家を出る前

に家族に「帰り道で牛乳を買う」「ポストに郵便物を投函する」と約束するのもそうです。もちろん、誰でもうっかりすることはあります。牛乳を買い忘れ、手紙を投函し忘れることはあるでしょう。しかし、このように小さな約束を破り続けていると、徐々に信頼は失われていきます。

一度破ることでそれまでの信頼がすべて吹き飛ぶような、人生の重要な約束もあります。たとえば、不倫をする、仕事の納期を破る、といった行為をすれば、パートナーや取引先の信用を一挙に失ってしまいます。このように、約束を守らないことは、私たちを成功から遠ざけてしまうのです。

成功のための格言

約束したことを実行すれば、信頼は高まる。信頼は重要だ。世の中を渡っていくうえで、これほど大切なものはない

You should always be true to your word.

実践しよう！

Put it into action

□無理な約束はしない

できない約束はしないようにしましょう。元アメリカ大統領のエイブラハム・リンカーンは、「できもしないことをやらなくてはならない羽目に陥らないために、できない約束はしてはいけない」と語っています。できるかどうかわからないことは、相手にはっきりと伝えましょう。事前に断るほうが、安請け合いして結局はできなかったということになるよりもはるかにマシです。

□大切な人との約束は特に大切にする

大切な人との関係は特に大切にしましょう。配偶者や子供、親、親友、上司、仲の良い同僚など、あなたの日常生活の一部である人たちとの約束には、十分に気を配るべきです。約束したことをはっきりと理解し、覚えておくようにしましょう。

何より配偶者やパートナーとの約束には、特別な注意を払うべきです。

成功者の習慣
69

不用意なコミュニケーションをしない

Pause before you press 'send'

成功する人は「送信」ボタンを押す前に見直しをし、成功しない人は不用意なメールを送る

「誰かにテキストメッセージを送ることと、伝書鳩でラブレターを送ることには、相手が感じる気持ちにどんな違いがあるだろうか？　どちらが印象に残るかは、言わなくてもわかるはずだ」

――ブライアン・カレン（アメリカのコメディアン）

私たちは職場でもプライベートでも大量の電子メールやSNS、ショートメッセージをやりとりしています。食事中も、運転中も、ランニング中も、会議中も、入浴中もメールを読み書きしているのです。ですから、誤字脱字があったり、的外れだったり、気分を害

するような内容のメールが多くても驚くには当たりません。

メールやコミュニケーションの問題を抱えている人はたくさんいます。メールの中身をまともに読もうとしない人、相手を混乱させる長くてわかりにくいメッセージを書く人、冷たく思いやりのない印象を与える一行だけのメッセージを送る人。

私たちは、コミュニケーションの主な手段がパソコンや携帯電話に移行したのは最近だという事実を忘れがちです。現代人はまだ、この新しい変化に適応しようとしている最中なのです。「送信」ボタンを押す前に、自分が書いたものをもう一度読み返し、相手の立場に身を置くことを習慣にしましょう。書き直せる箇所が見つかったり、別の手段でメッセージを伝えるべきだと思い直したりするかもしれません。

成功のための**格言**

「送信」ボタンを押す前に、自分が書いたものをもう一度読み返し、相手の立場に身を置くことを習慣にしよう

Before you press 'Send', reread what you've written...

実践しよう！

Put it into action

□最適なコミュニケーション手段を考える

メールやテキストメッセージを送るのは、簡単です。電話をかけたり、直接会ったりするよりも楽にコミュニケーションができます。しかし、どの方法を使って、誰とどのようにコミュニケーションしたかを後悔しないように気をつける必要があります。「送信」ボタンを押す前に、次のことを考えてみましょう。

・コミュニケーションの意図は？
・達成したいことは？（例「事実を知らせる」「回答を求める」「細かい議論をする」）
・相手は？（CCやBCCに入れるべき人は誰か）
・メールではなく、電話をする、直接会う、手紙を書くといった手段のほうが適してはいないか？
・このメールを送ることで後悔しないか？

□下書きを保存する

受信者を怒らせたり、悲しませたりするメールを書いてしまうことがあります。後悔するようなものを送信しないために、メールを書いたら、下書きとして保存する習慣を身につけましょう。いったんコンピューターや携帯電話から離れ、しばらくしたらメッセージを読み返し、言葉遣いやニュアンスが意図した通りのものになっているかどうかを確認します。自分が同じメッセージを受信したときにどんなふうに感じるかを想像してみましょう。

問題がなければ、「送信」ボタンを押します。

成功者の習慣
70

恐怖とうまく付き合っている

Make friends with fear

成功する人は恐怖をコントロールし、成功しない人は恐怖に振り回される

「恐怖に押しつぶされてはいけない。恐怖は精神を破壊する。それはすべてを消滅させる小さな死だ。私は恐怖と対峙する。恐怖が自分を突き抜くことを、私は恐れない」

――フランク・ハーバート（アメリカの作家）

誰にでも、「クモが怖い」といった恐怖症の一つや二つはあるものです。しかし、恐怖のなかには、私たちに常につきまとい、幸福な人生を過ごすことを妨げる類いのものもあります。恐怖は私たちを衰弱させます。失敗するのを恐れてリスクを冒さなくなり、笑わ

れるのを恐れて積極的に行動しなくなるのです。

恐怖がどこから来るのかを知れば、それを理解し、影響を克服する方法を探りやすくなります。恐怖は、幼い頃に親にどのように育てられたかということと、深いつながりがあります。子供が怪我をするのを極端に恐れている親から過保護に育てられた人は、大人になっても危険を恐れるようになり、自転車に乗る、アイススケートをするといったことを想像するだけで、パニックに陥るケースもあります。

私たちを成功から遠ざけているのは、能力が足りないかもしれないという恐怖だけではありません。成功した自分を想像するのが怖い、という恐怖もあります。私たちは、闇ではなく光を恐れることもあるのです。

成功のための**格言**

恐怖がどこから来るのかを知れば、それを理解し、影響を克服する方法を探りやすくなる

Knowing where your fears come from can help you understand them…

Put it into action

実践しよう！

□恐怖と向き合う

「怖くなんかない」というふりをしては目をそむけていけません。恐怖と逃げずに向き合い、そのうえで笑い飛ばしましょう。恐怖を外に連れ出して、少しずつ付き合い方を学んでいきます。恐怖はすべて心がつくり出したものです。恐怖のとらえ方を変えれば、人生への影響も変えていけます。

まずは、恐れを探し求めることから始めましょう。直感に反するように聞こえるかもしれませんが、恐れている行動をとり、恐れている言葉を口にするのです。研究によって、恐れに自分をさらすことが、恐怖を乗り越えるのに有効だということがわかっています。

恐れていることをあえてやってみましょう。スピーチをすることで、人前で話をすることへの恐怖は薄れていきます。エレベーターを使うことは、閉所恐怖症を克服するのに役立ちます。何度もこれを繰り返すことで、恐怖は次第に小さくなっていきます。

□専門家に相談する

もちろん、恐怖によっては、幼少期の体験と結びついたパラノイア（偏執病）やトラウマなど、根深いものもあります。このような場合は、臨床心理士などの専門家に相談するのもいいでしょう。代表的な治療法には、認知行動療法（ＣＢＴ）などがあります。これは問題を小さく分解することで、恐怖を和らげることを目指すものです。

成功者の習慣
71

誠実である

Tell the truth

成功する人は「自分に嘘をつかない」をモットーにし、成功しない人は軽はずみに嘘をつく

「私たちは正直さと誠実さを学んだ。真実が重要であることを、近道をしないことを、都合のいい自分だけのルールに従わないことを。そして、公平で正当なものでない限り、真の成功は得られないことを」

――ミッシェル・オバマ（アメリカの法律家、元アメリカ大統領バラク・オバマの妻）

二〇〇二年、マサチューセッツ大学心理学部教授のロバート・フェルドマンは、人間はわずか一〇分間の会話の中で、二、三個の嘘をついていることを明らかにしました。他の多くの研究も、人間が基本的に嘘つきであることを示しています。

嘘には様々な種類があります。小さくて些細なものもあれば、大きくて甚大なものもあります。善意から生まれた「無害な」嘘だと正当化しても、嘘は嘘です。

時々、現代人は他人が誠実さを欠いていることに鈍感になっているようにも見えます。メディアでは毎週のように、嘘をつき、不正をした有名人が取り沙汰されています。嘘をつき、人を欺くことが、実は成功への近道ではないかという疑問を抱く人がいても無理はありません。嘘の例を見てみましょう。

- **銀行ローンの申請書類に、嘘の年収を記入する。**
- **金持ちと結婚するために愛しているふりをする。**
- **他人のアイデアを盗み、自分のものにして利益を得る。**
- **取得資格や職歴を詐称する。**

このような嘘を平気でつく人はたくさんいます。そして、これは世の中を渡っていくために必要な些細な嘘だと考えています。しかし、このような嘘をつき続けていれば、仮に成功したとしても、それは偽物の成功です。勝てたとしても、それは無意味な勝利です。嘘で成功を得るのは、土台のない家を建てるようなものです。いつかは嘘がばれ、家は傾き始めるでしょう。

成功のための**格言**

嘘で成功を得るのは、
土台のない家を建てるようなもの

Success without integrity is like building a house without foundations.

Put it into action

実践しよう！

□自分に嘘をつくのをやめる

誠実になりましょう。嘘をつき、ズルをしたら、罪悪感を覚えるのが人間です。こみ上げてくる良心の呵責から目を背けてはいけません。常に真実を話しましょう。

自分に正直になりましょう。鏡に映る自分の姿に向かって嘘をつくのはもうやめましょう。ブラジルの小説家パウロ・コエーリョはこう述べています。「成功したいのなら、一つのルールに従わなければならない。それは、絶対に自分に嘘をつかないことだ」

□因果応報を信じる

嘘をつき、ズルをすれば、いつかはその報いがやってきます。見かけだけは立派な張りぼての家は、一瞬で崩壊しかねません。あなたの評価も、安定した職も、自由さえも失われる可能性があります。現在では、ドーピングで不正をしていたランス・アームストロングのことを、七年連続のツール・ド・フランス王者だと見なす人はいません。

嘘をつけば、それがいつ発覚し、どれほど甚大な影響が生じるかがわからないまま生きていくことになります。学歴の詐称がばれずに長年働き続けることもできるかもしれませんが、新たに就職した際すぐにそれが発覚するかもしれません。

嘘がばれたときのことを想像してください。あなたはそれがもたらす結果に耐えながら、生きていくことができるでしょうか？　答えは常に「ノー」であるはずです。

成功者の習慣
72

専門分野がある

Become an expert at something

成功する人は専門性を高めるための訓練をし、成功しない人はスキルを磨こうとしない

「ある程度の専門性を身につけたからといって、そこで学びをやめてはいけない。人生は最後まで学びの連続なのだ」

――デニス・ウェイトリー（アメリカのモチベーショナル・スピーカー）

誰でも、何かの専門家です。たとえ悪い習慣でも、何度も繰り返していればそれをマスターしたことになります。成功は、悪い習慣（人に自慢する、他人の話を聞かない、怠惰である）をやめ、「このエキスパートになりたい」と思うことに意識を向けることで引き

寄せられます。専門家と呼ばれることを誇らしく思えるような領域で技能を磨くことに、労力と意欲を注いでいきましょう。例を挙げます。

- **共感力や協調性が高いなどの「人間関係」のスキル**
- **家計管理や子育てなどの「生活」のスキル**
- **コンピューター操作やプロジェクト管理などの「仕事」のスキル**
- **工学、看護、法律などの「専門分野」のスキル**

一つの分野に特化するのもいいですし、複数分野でスキルや専門知識を伸ばすのもいいでしょう。

成功のための格言

成功は、悪い習慣(人に自慢する、他人の話を聞かない、怠惰である)をやめ、「このエキスパートになりたい」と思うことに意識を向けることで引き寄せられる

Success comes from no longer doing those things that you don't want to be an expert in and making room in your life for things you do want to be an expert in.

実践しよう！

Put it into action

□何の専門家になる？

私の場合は、財務から採用、コーチングへと専門領域を変えてきました。その間、戦略的思考、経営、対人関係などの重要なスキルを習得しました。これらの専門知識のすべてが、「リーダー向けのコーチング」という現在の仕事に役立っています。

あなたは何の専門家になりたいですか？　その理由と、習得したことで人生にどんな良い変化が起こるかを考えましょう。人生経験を積むにつれ、どの分野のエキスパートになりたいかがはっきりしてくるはずです。進むべき道がわからないなら、今していることをマスターするつもりで取り組みましょう。ありきたりのアドバイスに聞こえるかもしれませんが、何事であれ、その道を究めるには、好きであること、情熱と労力を捧げられる対象であることが重要です。

□意図的な訓練をする

専門家になるには、時間と練習が不可欠です。アメリカ人実業家のW・クレメント・ストーンは、こう述べています。「何度もひたすらに繰り返して技を磨いていくことが、その道の達人になるための黄金のルールである」。何かをマスターするには一万時間が必要だ、という「一万時間の法則」のことを耳にしたことがある人も多いはずです。最近の研究では、この法則は必ずしも正しくないことが指摘されていますが、いずれにしても、どんなものでも一晩で何かをマスターすることはできません。フィードバックや指導を得ながら、意図的な訓練を繰り返す必要があるのです。重要なのは、失敗から学ぶことです。専門家とは、その領域でもっとも多くの失敗をした人である、と言えるでしょう。

□人に教える

自分がある程度学んだら、それを人に教えましょう。まだ習得しきっていないものを人に教えるなんて、と疑問に思うかもしれません。しかし、人に知識や技術を教えることで、自分自身の理解も深まるという効果が得られるからです。これは「家のリフォーム方法」や「確定申告のやり方」など、何にでも当てはまります。

成功者の習慣
73

素直に謝ることができる

Apologize when you are wrong

成功する人は自分の非を認めることができ、成功しない人は意地を張り「ごめんなさい」が言えない

「人は過ちを認められるほど寛容で、その失敗から学べるほど賢く、原因となった欠点を直せるほど強くなければならない」

――ジョン・C・マクスウェル（アメリカの作家、講演者）

素直に間違いを認め、謝ることができるのは、その人が成熟し、賢い人間であることの証しです。しかし間違いを認めず、他人を非難し、責任をとろうとしない人は少なくありません。

謝罪は、弱者のすることではありません。むしろ、それは正反対です。他人を傷つけておきながら謝ろうとしないのは、頑固で共感力を欠いた人間のすることです。

きちんと謝れない人でも、心の中では相手に悪いことをしたと思っているものです。しかしプライドが邪魔をして、素直に「ごめんなさい」と言えないのです。謝ることができる人間になりましょう。謝り、相手に許してもらうことで、私たちは自由になれます。罪悪感から自分を解放することができるのです。

成功のための**格言**

謝り、相手に許してもらうことで、私たちは自由になれる。罪悪感から自分を解放することができるのだ

Apologizing and seeking forgiveness are liberating.

Put it into action

実践しよう！

□心から謝る

心から謝ることで、あなたが誠実であることを示しましょう。

・自分から「ごめんなさい」と言う。
・オープンになり、必要なら公に謝罪をする。
・心から謝罪し、相手に自分の意図をきちんと伝える。
・埋め合わせをすると申し出る。

□言葉だけでは足りない

間違いを認めて謝るだけでは、不十分なこともあります。誤解を解き、他の誰かが非難されないようにし、被害を与えた相手の心証を良くするための努力をすべきです。しかし、本当の誠意を伝えるには、行動で示さなければなりません。次の二つのことをすべきです。

・埋め合わせをする。失敗したことをやり直す、弁償する、友人や同僚全員に向けて公に謝罪する、相手に詫び状を書き、贈り物をする。
・行動を改める。同じような状況に再び置かれたときに過ちを繰り返さないようにする（例「誕生日を忘れて相手を怒らせたのなら、覚えるように努力する」「会議に遅れたなら、二度と遅刻しないような工夫をする」）。

成功者の習慣
74

旧友を大切にしている

Stay in touch with old friends

成功する人は古い友人との旧交を温め、成功しない人は過去の友情を軽視する

「真の友情のもっとも美しいところは、相手を理解し、自分も理解されることである」

——ルキウス・アンナエウス・セネカ（古代ローマの政治家）

ネイティブアメリカンの文化には、「友情の道に草を生やしてはいけない」ということわざがあります。古い友人との友情を保つために、できることは何でもしましょう。年月の風雪に耐えてきた友情は、あなたの人生の土台になります。特別な理由がなくても、久しぶりに会って話ができる友がいるのは素晴らしいことです。様々な出来事を共に体験し、同じ夢を見て、挫折を味わってきた友人と一緒にいると、私たちは自分らしくいられます。旧友は今のあなたを測るものさしにもなります。過去のあなたがどんなことに挑戦し、失敗し、成功してきたかを見てきた友人は、あなたのことをよく知っているからです。旧友は師となり、カウンセラーとなり、アドバイザーにもなります。過去を共有している人とのあいだには、信頼が存在します。信頼している相手には、自分が抱えている不安や恐れを正直に伝えられます。旧友と連絡をとってみましょう。

成功のための**格言**

古い友人との友情を保つために、できることは何でもしよう

Do everything you can to keep your friendships alive.

Put it into action
実践しよう！

□誰とつながるか

長いあいだ連絡が取れていない友人のことを思い浮かべましょう。テクノロジーのおかげで、探し出したい相手を見つけるのがずいぶんと簡単になりました。グーグルやフェイスブックなどで検索してみれば、相手を探し出せることがあります。

□友情がまだ生きているかどうかを確認する

自分から相手に連絡を取りましょう。相手があなたのことをまだ覚えているかどうかを確かめます。残念ながらそこで話が終わりになり、あなたに会うことには興味を示さない人もいるかもしれません。あなたが過去のことを相手よりも強く覚えていたのかもしれませんし、結婚をしたり生活環境が変わったりして、昔の友情を復活させたいという気分にならなかったのかもしれません。もし相手が喜んでくれたのなら、再会して旧交を温めましょう。

成功者の習慣 75

視点が大きい

Keep the bigger picture in mind

成功する人は長い目で物事を見て、成功しない人は小さなことでイライラする

「形のあるものはいずれバラバラになり、元の姿に戻っていく。だから目の前のことにとらわれず、大きな視点を持とう」

――リチャード・カールソン（アメリカの作家）

私たちは、つい小さなことでイラッとしてしまいます。給料の増額が少ないとか、後からきた車に自分が停めようとしていた駐車スペースを取られるとか。些細なことかもしれませんが、それでも穏やかな気持ちではいられないものです。

作家のデニス・シャープはこう述べています。「なぜ重要なことがたくさんあるのに、些末なことにこだわるのか?」。その理由の一つは、私たちは目の前の出来事に気を取られがちだということです。そのため、一時的に心に大きな絵を描けなくなっているのです。小さな出来事に心を奪われていると、一歩引いて大きな視点に立つことができません。それは劇場の観客席にいて、舞台やショーの一部しか観ていないようなものです。

小さなことに目くじらを立ててしまいがちな人は、こう考えてみましょう。「自分はこの問題を、明日も、来週も、一年後も気にしているだろうか?」。このような考え方を習慣にしていると、広い視点を取り戻しやすくなります。

成功のための**格言**

小さな出来事に心を奪われていると、一歩引いて大きな視点に立つことができない。それは劇場の観客席にいて、舞台やショーの一部しか観ていないようなものだ

We become transfixed by a small event and fail to step back and look around.
It is as if we are in a theatre and can see only part of the play or show.

Put it into action

実践しよう！

□バルコニーに登ろう

劇場でショーを観るために、最前列の席に座っていると想像してみましょう。キャストやオーケストラの小さなミスがすべて目に入るので、それが気になってしまいます。今度は、高いバルコニーに上がってみます。舞台全体を遠く高い位置から見下ろせるので、さっきまで気になっていた細かいミスは目に入らなくなり、ショー全体を楽しめるようになります。まったく同じショーですが、離れた位置から俯瞰することで、体験が大きく変わったのです。

これを、日常生活の中で小さな物事に対しても実践してみましょう。些細なことが気になったら、次のように自問してみるのです。「大きな視点に立てば、この出来事を気にする価値はあるだろうか？　同僚の仕事の出来は本当にそこまでひどいものだったのだろうか？　誰かが遅刻したことで会議の開始が遅れているのは、私にとってそこまで重大な問題だろうか？」

□イライラから自分を守る方法

それでも、状況を俯瞰できず、目の前の小さな出来事に対するストレスや怒りが収まらないと感じるのなら、「人生は短い」ということを思い出しましょう。あなたは死ぬ間際になっても、「同僚に（昇進の）先を越された」「隣人が家の壁を塗り直したので、自分の家がみすぼらしく見えるようになってしまった」といったことを、まだ気にしているでしょうか？

不要なストレスや不安、ネガティブな感情から自分を守る方法を紹介します。

- 目にするといつもイライラしてしまう対象が視野に入らないようにする。
- 議論をしているときは、我を通さずに相手に勝たせる。
- 目を閉じ、一〇まで数えて心を落ち着ける。
- 「物事を真剣に受け止めすぎだ」と自分を笑い飛ばす。
- 他人にも自分と同じように「バルコニー席」に移動して状況を俯瞰するように促す。

成功者の習慣
76

テクノロジーを受け入れている

Embrace technology

成功する人はテクノロジーとうまく付き合い、成功しない人は自分で壁をつくっている

「テクノロジーはキャンプファイアだ。私たちはそれを取り囲んで語り合う」

――ローリー・アンダーソン（アメリカの芸術家）

現代社会には、ますますテクノロジーが浸透しています。インターネット対応の家電製品やテレビ電話など、ほんの数年前にはＳＦの世界の出来事のようだと思われていたものが、広く普及するようになっています。「ノートパソコン一台で会社を経営する」「スマートフォンで外出先から自宅のエアコンをコントロールする」など、テクノロジーを使いこなせば、豊かで有意義な生活を送りやすくなります。テクノロジーがもたらす利便性は、年々急成長を続けています。

もちろん、テクノロジーには欠点もあります。コメディアンのキャリー・スノーはこう述べています。「テクノロジーとは不思議なものだ。一方の手では贈り物を渡してくれるのに、もう一方の手ではナイフで背中を突き刺してくる」。そう、それは私たちに自由を与えてくれると同時に、私たちに不満を抱かせるのです。スマートフォンの充電がすぐに切れる、ウェブフォームへの個人データの入力を誤ったのでやり直さなければならない、サイバー犯罪やマルウェア、ウイルスの被害に遭う、といったトラブルに見舞われることもあります。しかし、テクノロジーのプラス面を受け入れれば、効率を高め、人とのつながりを保ち、情報を発信できます。それは、成功のための心強い味方になります。

成功のための格言

テクノロジーのプラス面を受け入れることで、効率を高め、人とのつながりを保ち、情報を発信できる。それは、あなたが成功するための心強い味方になる

Embracing the positive benefits of technology will ... keep you successful.

Put it into action

実践しよう！

□前向きな考え方で未来を受け入れる

・未来では、テクノロジーを受け入れる以外に選択肢がないことを認識する。銀行取引から買い物まで、あらゆるものがオンラインに移行していくにつれ、頑なにテクノロジーを拒み続けることはできない。

・最新の電子機器やアプリ、テクノロジーを真っ先に使いこなす必要はないが、どのようなものが利用できるかについての情報は積極的に収集する。

・新しいテクノロジーに興味を持つ。若者に人気のアプリに注目する。友人が使っている新型のスマートフォンの機能を尋ねてみる。

・どの電子機器やサービスを使うかを、よく検討したうえで判断する。同じジムに通う人が使っているという理由だけで、何も考えずにスマートウオッチを買ったりしない。

・サイバー犯罪から身を守るために、インターネットを慎重に使用する。オンラインバンキングの個人情報が盗まれたり、ＳＮＳでなりすましをされたりといった被害に遭わないようにする。デバイスやウェブサイト向けのパスワードは推測しにくいものを使う。

成功者の習慣 77

努力を継続できる

Persist and don't give up

成功する人は「あと一歩」をふんばり、成功しない人は簡単にあきらめる

「私たちの最大の弱点は、すぐにあきらめてしまうことだ。成功を引き寄せるために必要なのは、あと一回挑戦することなのに」

――トーマス・エジソン（アメリカの発明家）

世の中の大半の人たちは、難しいことを簡単にあきらめてしまいます。一回でも拒絶されたり、失敗したり、落胆したら、それですべてをやめてしまうのです。

言い訳をするのは簡単です。「転職したい仕事は見つかったのだけど、自分にはスペッ

クが足りない」「チャリティーランのためのトレーニングを続けていたいんだけど、忙しすぎて」

何かを成し遂げたいなら（特に、どうしても達成したい目標を目指すのなら）、簡単にあきらめてはいけません。フィニッシュラインにどれくらい近づいているのかは、自分ではわからないこともあります。そこでやめてしまうのは、とてももったいないことです。他の人がやめてしまうような場面でも、もう一度挑戦を続ける、忍耐力のある人になりましょう。継続する力こそが、私たちをゴールに導いてくれるのです。

成功のための格言

何かを成し遂げたいなら（特に、どうしても達成したい目標を目指すのなら）、簡単にあきらめてはいけない

...never stop and never give up too soon.

実践しよう！

Put it into action

□「ギブアップ」の瞬間が来るときを把握する

「もうダメだ、あきらめよう」と思う瞬間は、どんなときにやってくるか、自己分析してみましょう。物事を継続するためには、その瞬間を乗り越えなければなりません。それがいつ来るのかを知っておけば、心の準備ができます。

乗り越えなければならないものには、失望感や肉体的・精神的な苦痛、「逃げ出したい、楽になりたい」という強い欲求、「絶対に成功できない」という突然の自己不信などがあります。

そんなときは、あなたを応援している家族や友人の力を借りましょう。きっと、夢や目標の重要性をあらためて思い出させてくれるはずです。

□悪魔の囁きに負けない

頭の中、あるいは周りから聞こえてくる、次のような悪魔の囁きに耳を貸さないようにしましょう。

・「もう十分にやった。これでいいじゃないか」
・「また明日やればいいさ」
・「そんなに頑張って、目立つような真似をする必要はないよ」
・「やめろ。もう十分に成功しているじゃないか」
・「なぜそんなに一生懸命に努力する？」
・「どうせ成功なんてしない。どんなことをしても無駄さ」

残念ながら、あなたが大きな目標に向かっているとき、そのことを嫉む人はいます。人が忍耐強く努力を重ね、自分よりも優れた何かをすることに嫉妬しているのです。外野の声に惑わされて、夢の達成をあきらめないようにしましょう。

成功者の習慣
78

何かに依存していない

Watch out for addictions

成功する人は中毒にならないように自分をコントロールし、成功しない人は何かに依存している

「何かに過度に熱中し、家族や友人に迷惑をかけ、仕事や勉強の妨げになるものは、中毒である。携帯電話で四六時中メッセージを送り合うのも、もちろん中毒だ」

――デール・アーチャー（アメリカの医師）

私たちの多くが、何らかの中毒に苦しんでいます。その中には、無害に見えるものもあれば、死に至るケースもあります。心理学者のカール・ユングは、アルコールやモルヒネ、理想主義など、その対象にかかわらず、中毒は悪いものだと述べています。それが事実か

どうかはともかく、中毒が私たちの生活にどう影響しているかを知ることには大きな意味があります。現在では、喫煙や飲酒といった従来型の中毒は減っています。その一方で、インターネットやテクノロジーの中毒は増えています。あなたの周りにも、様々な対象物の中毒になっている人がいるのではないでしょうか。

- **いつまでたっても仕事から離れられないワーカホリック**
- **月末になるといつも金欠になっている買い物中毒者**
- **起きているあいだ中、インターネットゲームをしている十代の若者**

あなたは何の中毒ですか？　それはあなたの成功を妨げていませんか？　答えが「ノー」であっても、どのような習慣であれ、一線を越えると強迫観念や依存症になり得るということを忘れないようにしましょう。

成功のための格言

あなたは何の中毒だろうか？
それはあなたの成功を妨げていないか？

Does addictive or compulsive behaviour affect your ability to be successful?

Put it into action

実践しよう！

□自分は何の中毒になっているか

何かの中毒になっていないか、自分の行動パターンを客観的に観察してみましょう。あなたにはどんな習慣や習癖があるでしょうか？　中毒かもしれないもののリストを作成したら、それが自分の人生における次の側面にどう影響しているかを考えましょう。

- **他人からの評価**
- **仕事**
- **人間関係**
- **健康**
- **将来の計画と目標を達成する能力**

そのうえで、現実的な判断を下しましょう。中毒性のある行動をやめることは、あなたにとってどれくらい重要ですか？　ネガティブな影響を考えたときに、きっぱりとやめる価値はあると思えましたか？

□適度なレベルを保つ

行動によっては、きっぱりとやめるのではなく、量や程度を落とすことで十分な場合もあります。たとえば、いつも相手を言い負かそうとしない、週末の酒量を減らす、誰かに腹を立てるたびに過度に感情的にならないなどです。

□専門家に相談する

衝動や行動をどうしても自分ではコントロールできないと感じる中毒は、自力では乗り越えられません。これらの中毒は、根深い心理的原因を持つものであり、専門的な治療を必要とします。幸い、現代では様々な種類の中毒（ギャンブル、セックス、ショッピング、麻薬、アルコール、家庭内暴力など）者向けの治療や支援グループがあります。その多くは、アルコール中毒者更生会の一二段階の回復プログラムをモデルにしています。これらのプログラムでは、深い内省と正直に自分に向き合うことを通じて治療が行われます。

成功者の習慣
79

自然と接する機会が多い

Spend more time outside in nature

成功する人は自然との触れ合いでリフレッシュし、成功しない人は自然の癒やしを得るチャンスを逃している

「自然を深く観察すれば、森羅万象をより良く理解できるようになる」
――アルベルト・アインシュタイン(ドイツの理論物理学者)

『ジャーナル・オブ・エピデミック・アンド・コミュニティ・ヘルス』に掲載された二〇〇九年の研究によれば、緑の豊かな環境で生活していると、ストレスや不安を感じにくくなります。日本には「森林浴」という言葉があります。森の中を歩くだけで、血圧やストレスのレベルが下がることがわかっています。屋外で過ごすことには、多くのメリットがあるのです。

・日光を浴びると健康に欠かせないビタミンDが生成され、肌の色が健康的になり、日常の行動にも良い影響が生じる。新鮮な空気を吸うことで様々なメリットがあり、免疫システムも強化される。

・都市の人工物やテクノロジーから遠ざかると、幸福感が高まり、気持ちが穏やかになり、心が安定する。樹齢数百年の大樹やゆったりした流れの川のそばにいると、心が洗われる。

屋外で過ごすと、心がオープンになり、思考が鮮明になります。私もよく、会議室やレストランではなく、公園や川沿いを歩きながらクライアントにコーチングをします。オープンで内省的な会話ができ、気づきも多くなります。

自然は穏やかで、忍耐強く、何かを為すには時間がかかることを思い出させてくれます。自然の中では、植物は季節の移ろいとともに、ゆっくりと、そして確実に成長していきます。アメリカの作家で自然主義者のハル・ボーランドはこう述べています。「私は木を知ることで、忍耐の真意を理解できた。草を知ることで、根気の真意を理解できた」

成功のための**格言**

屋外で過ごすと、心がオープンになり、思考が鮮明になる

Spending time outside opens your mind and sharpens your thinking.

Put it into action

実践しよう！

できるだけ多くの時間を自然の中で過ごしましょう。私のお気に入りを三つ紹介します。

□ガーデニングを始める

自然と触れ合うために遠くまで出かける必要はありません。公園に行ったり、木を見下ろす自宅のベランダで仕事をするという方法もあるのです。なかでも手軽に自然に接する特に素晴らしい方法は、ガーデニングです。自宅の庭でも、窓台に置いた植木鉢でもかまいません。一週間に数時間、水やりや草むしり、堆肥作り、枝刈り、庭に来る鳥への餌やりなどをする程度でも、爽

快で活力や癒やしを感じる体験ができます。

手を泥だらけにして地球を感じれば、ストレスを解消し、日常を忘れることができるのです。

□自然が豊かな場所で休暇を過ごす

私のいとこは休暇を自然が豊かな場所で過ごすのが大好きで、スカイ島やフォークランド諸島、アリゾナ砂漠などを訪れています。彼女は鳥を見るのが好きで、自然の中でただゆっくりと過ごす時間を愛しています。あなたも都会の喧騒を離れて、空気が美味しく緑が豊かな場所で休暇を過ごしてみてはいかがでしょうか。田舎での休暇は、心身を癒やし、ストレスや落ち込んだ気分から自分を回復させるための最良の方法です。

□星を眺める

人工の光に邪魔されない、夜空に浮かぶ煌《きら》びやかな天の川を眺められる場所を見つけましょう。望遠鏡があればなおいいのですが、なくてもかまいません。星を眺めていると、畏敬の念に打たれます。悩みや心配事が、些細なことのように思えてきます。夜空を眺めれば、日常から離れ、普段の自分を客観視できます。

成功者の習慣
80

知能を磨いている

Use your intelligence wisely

成功する人は意識的に得意分野の「能力」を高め、成功しない人は知能を高める訓練をしていない

「人間は、誰もが天才だ。だが、木を登ることで能力を測られた魚は、死ぬまで自分が愚かな生き物だと信じて生きることになるだろう」

——アルベルト・アインシュタイン（ドイツの理論物理学者）

人間の知能には、得意分野とそうでない分野があります。クロスワードパズルは名人級でも、家電製品の取扱説明書をうまく読みこなせない人もいます。職場では頭脳明晰だと評価されていても、家では手のかかる三人の子供の世話に四苦八苦している人もいます。

「知能のCHC理論」によれば、私たちの知能は大きく一〇の領域に分けられ、さらに七〇の下位領域に分けられます。これらの下位領域には、情報を処理する速度から未知の情報を扱う能力まで様々なものがあります。ただし、あなたは成功するためにこの七〇の知能をすべて高める必要はありません。大事なのは、自分が目指す成功を達成するためにはどのような種類の知能を持つ必要があるかを知ることなのです。あなたは必要な知能をすでに持っているでしょうか、それともこれから獲得しなければならないでしょうか？

現代人は、高い知能を持つことをかつてないほど求められる時代に生きています。あらゆる面で賢くある必要はありませんが、自分にとって必要な分野で意識的に知能を高めていくことで、大きな見返りが得られるのです。

成功のための格言

現代人は、高い知能を持つことをかつてないほど求められる時代に生きている。あらゆる面で賢くある必要はないが、自分にとって必要な分野で意識的に知能を高めていくことで、大きな見返りが得られる

...consciously developing intelligence in areas that are going to help you will pay huge dividends.

Put it into action

実践しよう！

□知能を高める

成功へのカギは、自分の強みである知能を高めながら、目標達成に役立つ分野も伸ばしていくことです。人生でどんな目標を達成したいのか、そのためにどのような知能が必要なのかを明確にし、そこに焦点を絞りましょう。

また、苦手な分野を伸ばすのもいいでしょう。必要かどうかはわからない分野でもかまいません。たとえば記憶力を高めることは、現在のあなたにとっては特に重要だとは思えないかもしれません。しかし、いつかそれが役に立つときがくるかもしれないのです。何より、記憶力を高めるエクササイズをするのは楽しいことです。

知能を全般的に高めるための訓練をする時間を持つことは、気持ちを前向きにし、自信をつけてくれます。こうした能力トレーニングが、認知症やアルツハイマー病などの認知疾患を遅らせることも証明されています。クロスワードや「数独」などのパズル、チェスやバックギャモンのようなゲームをする時間をつくりましょう。常に新しいことを学び、脳を刺激し続けましょう。

□現実世界で活かす

知能が高いだけでは成功はつかめません。ＩＱの高い人たちで構成される「メンサ」に招待されただけでは、人生の成功者であることは保証されないのです。知能は現実世界や人間関係に活かしてこそ意味があります。社会では、抜け目の無さや幅広い常識、感情のコントロールなどが求められます。

また、自分がどれほど頭がいいと思ったとしても、他人を見下してはいけません。それは知能の間違った使い方であり、「傲慢」「お高くとまっている」などと受け止められ、周囲の反感を買うことになります。

成功者の習慣
81

人気ではなく人格に注目している

Focus on character not popularity

成功する人は正しい人間になろうとし、成功しない人は「いいね」を追い求める

「私は、人から好かれるかどうかは気にしない。人気コンテストに勝つために生きているわけではないからだ。私はできる限り素晴らしい人間になるために生きている」

――タブ・ハンター（アメリカの俳優）

私たちは「いいね」の文化の中で暮らしています。誰もがフェイスブックやツイッター、インスタグラムでコメントや「いいね」を欲しがっています。しかし、私たちは本当に周りの人たちからそれほど好かれることを望んでいるのでしょうか？　この種の人気は長続きしないものです。それを追い求めるのは、本当の幸せや充実感、成長を探すことにはなりません。アメリカのジャーナリスト、ホレス・グリーリーはこう述べています。「名声はすぐに蒸発し、人気は事故のようなもので、富は羽根をつけて飛んでいく。いつまでも残り続けるのは、人格だけだ」

歌手やダンサーのオーディションの光景を舞台裏からも描くテレビ番組が増加するにつれ、人気者になること自体が、私たちが目指すべき目標であるという風潮に拍車がかかるようになりました。そして、視聴回数や「いいね」をたくさん得るのは無条件でいいことだ、という考えがますます蔓延するようになっています。しかし、ツイッターのフォロワーが一〇万人いる人は、本当に幸せなのでしょうか。この見かけの人気は、本当は何を意味しているのでしょう？　多くの人がその瞬間の興味や面白さで、「いいね」ボタンをクリックしたというだけのことです。

人気者であるからといって、その人の人生が充実し、成功し、幸福であるというわけではありません。女優のミア・ワシコフスカはこう述べています。「人気は水物。あるときもあれば、ないときもある。波のように押し寄せては引いていく」

成功のための**格言**

「名声はすぐに蒸発し、人気は事故のようなもので、富は羽根をつけて飛んでいく。いつまでも残り続けるのは、人格だけだ」

'Only one thing endures and that is character.'

Put it into action

実践しよう！

□自分自身の人気者になる

あなたが人気を求めている唯一の人間は、あなた自身です。自分を大切にし、受け入れ、愛することを学びましょう。自信を持って、前向きな気持ちで自分を表現しましょう。他人の意見や言葉に合わせるのはやめましょう。自分の心に正直になって、自分らしくあることを大切にするのです。世間的に人気がないことでも、気にする必要はありません。タトゥーを入れる、仕事をやめる、突拍子もない夢を追い求める、化粧をやめる――何であれ、あなたがそれをしたいのであれば、すればいいのです。本当にあなたのことを愛し、信頼している人たちは、そのことであなたを嫌いになったりはしません。

□自分が正しいと思ったことをする

人気がなく、人から否定されてしまうかもしれないことをするのは簡単ではありません。他人に愛され、受け入れられることを望んでいる私たちは、人を落胆させてしまうことに抵抗を覚えます。でも、世間体ばかりを気にして行動しているとき、あなたは何かをあきらめてはいないでしょうか？　自分を抑えてはいないでしょうか？　ただの付き合いのために、毎晩のように同僚と飲み歩く必要はありません。周りに合わせるために、流行の服を着る必要もありません。音楽や本、レストランの好みを他人に合わせる必要もないのです。

あなた自身の人生の目標や夢を達成するために、自分にとって正しい選択をしましょう。人生を人気者コンテストと見なさなければならないのだとすれば、その審査員はあなた一人だけなのです。

成功者の習慣
82

有害な人間関係は断ち切る

Say goodbye to toxic people

成功する人は悪影響を受ける人間関係は断ち切り、成功しない人は断れずにネガティブな影響を受け続ける

「有害な人間関係は、私たちを不幸にするだけではない。それは私たちの人間関係全般を損なうような悪しき態度や感情を促し、持ち得たかもしれない素晴らしい関係の存在を忘れさせてしまうのだ」

――マイケル・ジョセフソン（アメリカの弁護士）

「成功者の習慣38　快適な環境で生活している」では、悪い環境から身を守ることの重要性について説明しました。しかし、それよりもさらに危険なのは、あなたの周りにいる有害な人たちです。常にネガティブで、懐疑的で、嫉妬心に満ち、不満を言い、あなたに求めてばかりで、自分から与えようとしない人たち。このような人たちと接すると、嫌な気分になります。しかし最大の問題は、このような有害な人間関係から生じる悪影響が、あなたの他の人間関係や人生全般にも及んでしまうことなのです。例を見てみましょう。

- **自分が正しいと主張してばかりの同僚**
- **あなたの夢や目標を実現するのは無理だ、と否定的な言葉を口にする親**
- **嘘ばかりつく友人**
- **いつもあなたの時間やお金、労力を求めてくるのに、あなたが困っているときには助けられないと言い訳をする人**
- **何かと指図をしてくる人、やりたくないことを無理に押しつけてくる人**

私がコーチングをしているクライアントにも、恐ろしくネガティブで、面倒で、嫌味な人と日常的に付き合わなければならないために苦しんでいる人がたくさんいます。そのような有害な人たちには、別れを告げるべきです。

成功のための**格言**

最大の問題は、このような有害な人間関係から生じる悪影響が、あなたの他の人間関係や人生全般にも及んでしまうことである

...the biggest danger is being polluted by people around you.

Put it into action

実践しよう！

□有害な人を見極める

私たちは、人の良いところを見ようとします。ある人とコミュニケーションをとることで嫌な気分になることがあっても、相手には何か事情があったのかもしれないと考えようとします。しかし、あなたに悪影響しかもたらさない人がいるのなら、その存在にはっきりと気づくべきです。自分の心の健康を保ち、健全な人間関係を保つために、誰が有害であり、その相手と離れるべきだと決意すべきです。その人の近くにいることで息が詰まり、毒だと思うのなら、それを防ぐべきです。その判断ができるのは、あなたしかいません。私にできるアドバイスは、今それを実行すべきだということです。

□有害な人からの誘いは丁寧に断る

有害な人からの誘いを断ったり、有害な人がいる集まりを避けたりするときに、罪悪感を覚えたり、自分の判断を正当化しようとする必要はありません。相手は、自分があなたに悪い影響を与えているとはみじんも思っていないのです。いたずらに対立するのを避けるためにも、「他の予定が入っている」などと丁寧に断ったほうがいいでしょう。

□できる限り接触しない

完全に関係を断ち切ることのできない相手もいるでしょう。その場合は、悪影響をなるべく受けないように、できる限り接触を避けましょう。どうしても会わなければならないときは、短時間で切り上げましょう。苦手な親戚の家に行かなければならないときは、泊まりではなく日帰りにしましょう。

成功者の習慣
83

（今のうちに）祖父母から学んでいる

Learn from your grandparents (before it is too late)

成功する人は祖父母から学び、成功しない人は年長者と触れ合う機会をつくらない

「私たちは皆、無条件で自分を受け入れてくれる誰かを一人は持つべきだ。私の場合、それは祖母だった」

――フィリス・グリシ・セルー（アメリカのジャーナリスト）

運が良ければ、あなたには一緒に時間を過ごし、気遣いや愛を与えてくれる祖父母がいるでしょう。祖父母はあなたが知らない人生の知恵や、物事の理解や受け入れ方を教えてくれます。同じDNAを共有しているので、性格やものの考え方、趣向も似ています。あなたの両親のことも知り尽くしていて、孫であるあなたには客観的かつ的確なアドバイス

をしてくれます。

友人やきょうだい、親の目はごまかせても、祖父母には通じません。長年の経験と蓄積された知恵があるので、嘘や言い訳は簡単に見透かされてしまいます。

あなたが何歳であっても、祖父母から得られるものはたくさんあります。そこには、知恵や愛情が詰まっています。血がつながっている祖父母とのあいだには、深い信頼があります。あなたは自分の意見や悩み、夢を率直に話せるでしょう。

世故に長けた祖父母は、人間関係、人生の喜怒哀楽、病気と死、変化と新たな始まり、失敗と成功について、若者にはない視点を持っています。冷静かつ広い視野で、あなたの人生の機会や問題点についてのアドバイスを与えてくれるでしょう。

成功のための**格言**

祖父母はあなたが知らない人生の知恵や、物事の理解や受け入れ方を教えてくれる

Grandparents can bring you wisdom, understanding and acceptance...

Put it into action

実践しよう！

□祖父母と一緒に時間を過ごす

祖父母と時間を過ごす時間をつくる努力をしましょう。たっぷりと時間をとり、リラックスして、自分の人生の様々な出来事や考えについて話してみましょう。祖父母の意見や思い出に耳を傾けましょう。

祖父母と一緒に旅行するのもいいでしょう。私は、母方の祖母と二人きりで、ヨークシャーからウェールズまでドライブ旅行をしたことがあります。彼女が以前住んでいた町を訪れ、懐かしい近所の人たちと再会し、私の母が通っていた学校にも行きました。それは私にとって、自分のルーツを辿る発見と驚きに満ちた旅でした。両親と祖父母がどんな人生を歩んできたのかを、鮮明に想像できました。

□祖父母以外の高齢者と触れ合う

あなたの祖父母はもう生きていないかもしれないし、衰弱していて一緒に時間を過ごすのが難しいかもしれません。その場合は、知り合いや親戚の高齢者と会うことを考えてみましょう。私は最近、父方の祖父のきょうだい何人かと会いました。彼らと一緒に過ごした時間は、私の過去への理解を深める素晴らしい体験でした。

□思い出話を聞き、記録する

高齢者に人生の大切な思い出話を語ってもらうのは、とても豊かで意義のあることです。家族の過去との深い結びつきを実感することでしょう。文字や動画でその話を記録してもいいでしょう。日々の忙しさやストレスから離れて、祖父母の話に耳を傾ける時間を楽しみましょう。

成功者の習慣
84

人格の向上に努めている

Have a true character that makes you proud

成功する人は人格を磨き、成功しない人は評判を気にする

「評判よりも人格に関心を持つべきだ。人格は真の自分だが、評判は他人の考えにすぎない」

——ジョン・ウッデン（アメリカの元バスケットボール選手、コーチ）

あなたは、誰もいないところでどんなふうに行動しているのでしょうか？　ある人の本当の性格は、周りに人がいないときの振る舞いで判断できると言われています。あなたは他人の目がないところでも、寛大で、思慮深く、誠実で、勤勉でしょうか？　それとも怠け者で、意地悪でしょうか？　会社にいるときと同じ人間ですか？　あなたの本当の人格、すなわち行動や価値観、スタイル、考え方とは、どのようなものですか？

人格はアキレス腱のようなものです。それは私たちを真の成功にも導いてくれますが、泣き所にもなるのです。

性格の一部を隠したまま生きようとする人はたくさんいます。怒りやストレスを感じた人が本性を現すのを見て、それまでその人に抱いてきたイメージが壊れていくのを感じることがあります。人前での自分と一人のときの自分に違いのない、自分自身に誇りが持てるような人格を育てていきましょう。

成功のための**格言**

人格はアキレス腱のようなものだ。それは私たちを真の成功にも導いてくれるが、泣き所にもなる

Our true characters can be our Achilles' heel – the thing that trips us up on our road to genuine success.

実践しよう！

Put it into action

□性格上の欠点を直す

真に成功した人生を生きる唯一の方法は、人格を磨くことです。特に、自分では隠したいと思っている欠点に目を向けることが重要です。もちろん、自分の欠点を克服するのは簡単ではありません。それは子供の頃からの習性であり、自分自身に深く根づいたものだからです。

欠点をはっきりと自覚しているのなら、すぐに改善を試みましょう。もし欠点がよくわからないなら、次の方法を試してみましょう。

・自分をよく観察し、気づいたことをメモする。本心を隠そうとするのはどんなときか？　自分自身について恥ずかしいと思っているのはどんなところか？　新しく知り合った人には自分のどのようなところを見られたくないか？

・自分の性格に矛盾したところはないか、直すべきところはないか、親しい友人や家族に尋ねる。

・質問形式のパーソナリティーテストを受ける。これらのテストでは、人間の負の側面や陰の側面（特に、怒りやストレスを感じているとき）も明らかになる。
・職場で、上司や部下など異なる立場の人たちが対象者の評価を行う「三六〇度評価」を実施したことがあるなら、その結果を参考にする。

□他人の性格の改善を手伝う

あなたがどれだけ自己改善に努めていようとも、周りが自分の欠点を直そうとしない人ばかりだとストレスが溜まるものです。控え目な方法で、しつこくならないように十分に気をつけて、他人の欠陥をそれとなく指摘し、改善を促してみましょう。周りの人と一緒に成長できるのは、とても素晴らしいことです。

成功者の習慣
85

周りの人に感謝している

Practise gratitude

成功する人は「足るを知る」の精神があり、成功しない人は当たり前のことへの感謝を忘れている

「私たちを幸せにしてくれる人たちに感謝しよう。私たちの魂を花咲かせてくれる、素晴らしい庭師たちに」

――マルセル・プルースト（フランスの小説家）

あなたは今日、どんなことに感謝したいですか？

感謝は健康にも良い効果をもたらします。二〇一五年のカリフォルニア大学の研究によれば、感謝の気持ちを多く表現する人は、睡眠の質が高く、気分がポジティブで、心不全のリスクが低いことがわかっています。それ以前の研究でも、普段から感謝の気持ちを表現する人は、楽観的で、新しい友人ができやすいことが指摘されています。

残念ながら、私たちは感謝の気持ちを抱くよりも前に、人の欠点に目を向けてしまいがちです。少しでも気に入らないところがあると、そのことで頭をいっぱいにしてしまい、トータルで物事を判断できなくなってしまうのです。たとえば退院したばかりの人が、「入院で長い期間を棒に振ってしまった」「病院の食事が不味かった」などと文句を言うことがあります。その人は、医師や病院の努力によって病気が治り、健康を取り戻せたことへの感謝を忘れているのです。

現代人は、いま手にしているものにありがたく感謝する能力を錆びつかせています。おそらくそれは忙しい毎日に追われていて、心に余裕がなくなっているからでもあるでしょう。インターネットによって大量の情報が溢れ、私たちはもっとより良いものを多く手にできる、自分にはそれを得る当然の権利がある、という錯覚を抱くようにもなっています。その結果、感謝するのではなく、何かとケチをつけて、不満を口にするようになってしまったのです。

真の成功を望むならば、感謝を表す人間にならなければなりません。まずは、目の前にあるものに心から感謝を示すことから始めましょう。

成功のための**格言**

真の成功を望むならば、感謝を表す人間にならなければならない。まずは、目の前にあるものに心から感謝を示すことから始めよう

Be grateful and demonstrate sincere thanks.

Put it into action

実践しよう!

□常に感謝の気持ちを表す

これはちょっとしたマインドセットの変化が必要になるかもしれません。今日から「足るを知る」の精神で生きていくのです。悪いところを批判する前に、まずは感謝をしましょう。人に感謝できる、共感力の高い人は、相手の良い点に注目するところからコミュニケーションを始めます。そのため、相手の悪い点が過度に気になったりはしません。これを実践するのが難しいなら、

周りを見渡して、自然に他人に感謝している人を見つけ、同じように振る舞えないかを考えてみましょう。

□誰に感謝したいか

「これまでの人生で、心から感謝したい出来事は何か?」を考えてみましょう。すると、おのずと感謝したい人が浮かんでくるはずです。その名前を書き出しましょう。親やパートナー、きょうだいなど、予想通りの名前も多く浮かんだはずです。忘れかけていた意外な人の名前も出てくることもあるかもしれません。

感謝の気持ちを十分に表現するために、伝え方には工夫をしましょう。言葉や行動できちんと感謝を伝えましょう。

□感謝日記をつける

毎日、感謝したいと思ったその日の出来事を書き出しましょう。小さなことでもかまわないので、日記に書き留めます。その隣に、誰にどんな方法で感謝した(するつもり)かを書き込みます。

成功者の習慣
86

物事の良い側面に目を向けている

Focus on good news

成功する人は「良いニュース」に注目し、成功しない人は「悪いニュース」で消耗する

「悪いニュースは売れる。人間の脳の扁桃体は、常に恐ろしいものを探し求めているからだ」

――ピーター・ディアマンディス（アメリカの起業家）

メディアに溢れている悪いニュースをどう処理するかは、私たちが心を健全に保つうえで重要な問題です。多くの人は、単にニュースから目を背けています。つまり、ネガティブなニュースを目にすることで生じる不安や恐れを避けるために、ニュースそのものを見聞きしないようにしているのです。表面的には、これは理想的な解決策のように思えます。

しかし、世の中の出来事を知ろうとしないことには、デメリットもあります。

悪いニュースを知ることにも、メリットはあります。そのニュースを自分の問題として受け止めることで、共感や当事者意識が生まれます。世の中を変えるために、前向きな行動を起こそうと決心するかもしれません。

しかし、悪いニュースを知ることの最大の問題点は、それによってネガティブな感情にとらわれてしまうことです。暗く悲しいニュースを見て気分が落ち込み、意欲を失ってしまうのです。絶えずこうしたネガティブな情報に触れていると、自分は夢や目標を達成できないのではないかという後ろ向きの気持ちや無力感に襲われやすくなります。あなたの成功や価値ある人生を送る可能性を、悪いニュースに邪魔されるべきではありません。

成功のための格言

絶えずネガティブな情報に触れていると、自分は夢や目標を達成できないのではないかという後ろ向きの気持ちや無力感に襲われやすくなる。あなたの成功や価値ある人生を送る可能性を、悪いニュースのために邪魔されるべきではない

Never allow bad news be an excuse to stop seeking success in life...

Put it into action

実践しよう！

□ポジティブなものに目を向ける

バランスをとるために、ポジティブなニュースに意識的に注目しましょう。「Good News JP」（https://www.huffingtonpost.jp/news/good-news-jp/）など、良いニュースを報道するウェブサイトはいくつもあります。悪いニュースを恐れて目と耳を塞ぐのではなく、世界では日々、良いことも起こっているという事実を忘れないようにしましょう。世界や自国でどんなことが起こっているかを知り、そのうえでネガティブなニュースによって不安になったりシニカルになったりしないように気をつけるのです。悪いニュースのために、自分のしている大切なことへの集中力を落とさないようにしましょう。

□会話の内容を変える

悪いニュースが巷の話題になっているときは、会話の内容も暗く重苦しいものになりがちです。そんなときは恐れずに、「話題を変えよう。別の話をしようよ。何か面白いことはあった？」と切り出しましょう。おそらく周りの人たちもホッとしてくれるはずです。新聞やテレビは悪いニュースを伝えていますが、人々はそれを心から楽しんでいるわけではないのです。

成功者の習慣
87

本物の成功を目指している

Genuine success cannot be faked

成功する人は「正真正銘」の成功を求め、成功しない人は表面的な成功に惑わされている

「私たちがそのふりをしているものこそ、私たちの実体だ。だから、何のふりをするかは慎重に考えなくてはならない」

——カート・ヴォネガット（アメリカの小説家）

私たちはみんな、多かれ少なかれ自分を装っています。幸せで、生活が安定していて、愛情に満ちた暮らしをしていて、経済的にも満たされていて、すべてがうまくいっているというふりをするのです。現代のように、誰もが自分を実際よりも良いものに見せ掛けよ

うとしている時代では、その人の真実の姿を知るのは簡単ではありません。ＳＮＳには優雅で楽しい暮らしをしていることを想像させる投稿をしておきながら、実際にはクレジットカードで多額の支払いを抱えている人がいます。

私のクライアントにも、表向きは成功を絵に描いたような暮らしをしているように振舞っているが、実際にはその逆だという人が多く、しょっちゅう驚かされています。

自己破産の危機に瀕していながら、何年も周囲に成功者としての印象を与え続けていた人も知っていますし、鳴り物入りで昇進を果たした会社の有望株が、いかにも意欲的で前向きな態度を装っていながら、話をしてみると実は自分の仕事も、長時間働くことも、給料に見合う期待に応えるふりをすることも、すべて大嫌いだと言うのを聞いてびっくりしたこともあります。

実のところ、人をだますのは私たちが思っているよりも簡単なのです。笑顔で、素敵なスーツを着て、楽しそうな休日を過ごし、高級な私物を自慢していれば、人はあなたのことを充実した人生を送っている成功者だとみなすでしょう。しかし、自分をだますことはできません。本物の成功とは、夢や情熱、人生の目標を実現して生きることです。それができていないのに、できているふりをするのは、偽りの人生を生きているということです。いくら地面の奥深くに隠していても、あなたの本当の気持ちはいつか地上に顔を出してきます。もちろん、それは気持ちの良いものではありません。注意しましょう。

成功のための格言

いくら地面の奥深くに隠していても、あなたの本当の気持ちはいつか地上に顔を出してくる

Your true feelings, needs and ambitions will reveal themselves at some point however deeply you bury them...

実践しよう！

Put it into action

□正直になる

詩人で写真家のタイラー・ノット・グレッグソンは「どれだけ美しく完璧なつくり笑いより、

正直な涙のほうがいい」とはっきりと述べています。しかし、「あらゆるものは手に入るし、何にでもなれる」という錯覚を覚えやすい現代では、等身大の自分を見つめることは簡単ではありません。それでも、自分を実際以上に飾り立てるのはやめましょう。

人生は長い旅のようなものです。成功への道に到達するのは、時間がかかるということを受け入れましょう。

□できるふりをしてもよいものもある

できるふりをしてもよいものがあります。つまり、行動を変えたいときは、変えられたふりをしてもいいのです。なりたい自分のように振る舞っていると、いつのまにかそれが本当にできるようになっていきます。それは、自分の性格や態度を良い方向に変えていくためのポジティブで正当な方法です。

成功者の習慣
88

年を気にせず好きなことをしている

Grow old disgracefully

成功する人はいつでも新しいことに挑戦し、成功しない人は年齢を気にして行動しない

「二〇歳の頃は、他人の目が気になる。四〇歳になると、他人の目など気にならなくなる。六〇歳になると、そもそも自分のことなど誰もまったく気にしていなかったと気づく」

――アン・ランダーズ（アメリカのジャーナリスト）

いくら年をとっていても、新しい目標や夢を追いかけ始めるのに遅すぎることはありません。自分の時間を自由に使えないのなら、それは成功した人生とは呼べません。老いることの美しいところは、若い頃に背負わされていた様々な責任から解放されると気づくことです。その事実を発見したのなら、「始めるのに遅すぎる」とは決して思わないはずです。年をとると、他人の期待に応えなくてはならない場面が減っていきます。若い頃に抱えていた子育てや仕事、住宅ローンの返済などの責任が徐々に消えていくにつれ、それまで抑え込んできた本当の自分を表現したいという感覚が蘇ってきます。

自分が本当にやりたかったことを妨げているものは何かを考えるのは、素晴らしいことです。他人の期待に応えなくてもよい時がいつかやってくると知っているのは、私たちの心を自由にしてくれます。この事実を知っていれば、若いときからこの自由の一部を楽しむことができます。人生は、他人が求める価値観に合わせて窮屈に生きるほど短くはありません。年をとったといっても、あなたにはまだ体力も経済的な余裕もあるはずです。本当の人生を生きましょう。今始めなければ、いつ始めるというのでしょう?

成功のための**格言**

いくら年をとっていても、新しい目標や夢を追いかけ始めるのに遅すぎることはない

You are never too old to chase another goal.

実践しよう！

Put it into action

□躊躇するのをやめる

仕事や家庭、住宅ローンのために、これまでどんな夢を棚の上に置いたままにしていたでしょうか？　それらを一つひとつ降ろして、ほこりやクモの巣を払いましょう。情熱を取り戻し、思い切ったことをやりましょう。

子供のような好奇心、歌うことの喜び、踊ることへの愛、新しいことへのチャレンジ――何でもかまいません。年齢など気にする必要はないのです。

□正直かつオープンになろう

自分が選んだことを正当化する必要などありません。どんな水着を着ていようが、騒々しい音楽が好きだろうが、人に笑われても気にしなくてもいいのです。人の許可や支持は要りません。家族や友人からは、頭がどうかしたのかと思われるかもしれません。正直に、自分のやりたいことをしているだけだと伝えましょう。恥ずかしさや罪悪感を覚える必要などないのです。自分を誇りに思いましょう。

成功者の習慣 89

呼吸を大切にしている

Breathe well

成功する人は呼吸が長くて深く、成功しない人は呼吸が浅くて荒い

「呼吸は命だ。良く呼吸をすれば、長生きできる」

——サンスクリットのことわざ

私たちは、めったに自分の呼吸に注意を向けたりはしません。しかし、呼吸は人間が生きていくためには不可欠なものです。呼吸は、あなたの思考や行動、体験に応じて変化します。ストレスや不安、恐れを感じていると速く、浅く、荒くなります。逆に、リラックスしているときは、肺はゆっくりと静かに動き、呼吸をしている感覚もほとんどありません。

私たちの思考や行動が呼吸に影響を与えるように、呼吸も私たちの思考や行動に影響を与えます。私たちが、パニックに陥っている人に「深呼吸をして」と言うのは理にかなっています。多くの研究が、良い呼吸が心身の健康を向上させることを示しています。

- **緊張を和らげ、神経化学物質の分泌を促して気分を良くし、幸福感を上げる。**
- **心臓の機能を高め、免疫システムを強化し、毒素を取り除き、豊富な酸素を体内に取り込むことでエネルギーレベルを上げる。**
- **神経系、血液の質、消化器系、肺などの機能や器官を改善する。**

私たちが普段、無意識に行っている呼吸に注意を向けるだけで、これほどの多くのメリットがもたらされるのです。

成功のための**格言**

私たちの思考や行動が呼吸に影響を与えるように、呼吸も私たちの思考や行動に影響を与える

Your breathing influences and changes you.

Put it into action

実践しよう！

□深呼吸の練習をする

自分の呼吸の方法と、それが一日を通じてどう変化しているかを観察しましょう。口呼吸をしているか、鼻呼吸をしているか。そのときの感情や行動によって呼吸の速度はどう変化しているか。どれくらいの頻度で深呼吸をしているか。

浅い呼吸が習慣になっていると、リラックスして落ち着いていても、深い呼吸ができていないことがあります。このような状態は、多くのストレスを抱え、常に何かに追われているような慌ただしい毎日を送る現代人にとっては珍しくありません。深呼吸は最適な呼吸法ですが、それを習慣にするには集中力と練習が必要です。古代ギリシャの時代から、医者は患者に深呼吸を勧めていました。具体的な方法を見てみましょう。

- **鼻からゆっくりと静かに息を吸い込み、口から吐き出す。**
- **息を吸うときは、五秒ほどかけて、肺だけでなく胃を満たしていると想像する。**

・息を吐く前に、三、四秒間息を止める。

呼吸を意識するときは、このパターンを繰り返しましょう。時間が経つにつれて、無意識にできるようになります。

□空気のきれいな場所を探す

いくら良い呼吸をしていても、空気が汚れている場所にいれば意味がありません。空気の悪い場所で暮らしたり働いたりしているのなら、移住を検討しましょう。作家のエドワード・アビーが述べているように、有害な粒子やガスでいっぱいの空気ではなく、「甘く透き通った新鮮な空気を深く吸い込む」ことを目指すのです。

成功者の習慣 90

旅行を楽しんでいる

Travel far

成功する人は忙しくても旅に出て、成功しない人は暇があるのに旅をしない

「いくら旅をしても、偏見はなくならないかもしれない。だが旅を通じて、どんな人間でも泣き、笑い、食べ、心配し、死ぬことを目の当たりにすれば、互いに歩み寄ることで友人になれるかもしれないと思えるようになる」

——マヤ・アンジェロウ（アメリカの詩人）

私は祖父からよく、「旅は金で買えるものの中で、唯一、人生を豊かにしてくれるものだ」と言われ、世界を旅することを勧められました。慣れ親しんだ環境から離れれば、そこに

は驚きと新鮮さに満ちた世界があなたを待っています。日常から抜け出して予期せぬ新しい場所に身を置くことで、私たちの心と身体には魔法のような化学反応が引き起こされるのです。

見知らぬ土地に行けば、まっさらな目で物事を見ることができます。外国を旅すると、現地の人々の暮らしや価値観、問題点などを肌で体感できます。それはその国の文化に対する深い共感や理解につながり、私たちの視野を広げてくれます。貧しい国を旅すれば、いかに自分が幸運で恵まれているかを実感するでしょう。中東を訪れれば、この地域の紛争や難民問題についての見方が変わるでしょう。

「旅をしない者は、人生を損している」というムーア人のことわざがあります。もちろん、簡単に海外旅行ができるほどの経済的、時間的余裕がある人は多くはないでしょう。でも、時間やお金をかけなくても、工夫次第で旅は楽しめます。近場でもいいので、費用をかけずにどこかに出かけましょう。どこであれ、それはあなたの人生を豊かにしてくれます。

成功のための格言

旅は金で買えるものの中で、唯一、人生を豊かにしてくれるものだ

Travel is the only thing you can buy that actually makes you richer.

Put it into action

実践しよう!

□旅の機会をつくる

休暇を取って旅に出かけましょう。未消化の有給休暇を残してはいけません。子供の頃の想像力やワクワクした気持ちを取り戻すような時間を過ごしましょう。車で一時間の場所でも、飛行機で一〇時間の場所でもかまいません。これまで訪れたことがない所に行ってみましょう。モノを買うためのお金を、旅行代に回してみましょう。

どこに行くかを自由に考えます。地図帳を開いてアイデアを膨らませ、興味と好奇心に従って行き先を決めます。たとえば地球温暖化についてもっと知りたいのなら、溶けてなくなることが懸念されているグリーンランドの氷河や、水没の危機に瀕しているモルディブの島々を訪れるといった計画を立ててみましょう。

□異文化を尊重し、学ぶ

地元の人たちや食物、文化とつながることを目的に旅行をしましょう。新しく意外なことを経験するのです。新しい文化や価値観、料理、生活を学びましょう。貧しい国を旅するときは、現地の人たちと触れ合い、その生活を体験しましょう。

成功者の習慣
91

日記をつけている

Keep a journal

成功する人は記録することで日々を振り返り、成功しない人は日記をつけないことで学びの機会を逃している

「日誌は、私の日常生活のすべてが保管されている宝庫だ。そこにはすべてが記されている。耳にした話、出会った人たち、好きな言葉、間接的に私に何かを語りかけてきた小さな合図やシンボルさえも」

——ドロシー・セイラー（アメリカの英語学者）

毎日、その日の出来事や考えを記録することは、私たちの健康にプラスの影響をもたらします。研究によって、日記をつけると免疫細胞が活性化されるなど、様々な健康上のメ

リットがあることがわかっているのです。もちろん、それ以外にも日記をつけることには次のようなメリットがあります。

- **日々の行動や思考を記録していくことで、自分にとって何が重要なのかが明確になる。**
- **変化していく自分の思考や夢、希望、不安、経験、感情、意見を振り返ることができる。**
- **抱えている問題の解決策やとるべき選択肢が見つかりやすくなる。**
- **自分の行動や思考が把握できるので、明確で入念な計画を立てやすくなる。**
- **心の内側を観察することで、自分自身への理解が深まる。自分の弱点、夢、目標、不安、課題が見えやすくなる。**

ブログのように世間に公開する形式のものにしてもいいのですが、その場合でも、誰にも見せない自分のためだけの日記はつけておきましょう。他人からの意見やコメントを気にせずに、正直に自分の内なる感情や悩み、欲求を探れるからです。

成功のための**格言**

研究によって、日記をつけると免疫細胞が活性化されるなど、様々な健康上のメリットがあることがわかっている

Recording your daily thoughts and experiences could be good for your health.

Put it into action

実践しよう！

□日記を始める

大きな手間暇をかける必要はありません。一五分から二〇分もあれば、まとまった日記を書けます。決まったルールはありません。何も気にすることなく、自由に考えを書きましょう。

□自分自身のスタイルで書く

新しく始める人はもちろん、すでに日記をつけている人も、新しく創造的な方法で書くことを考えてみましょう。

・ありきたりの箇条書きやエッセイ形式ではなく、キーワードでアイデアを結び付ける「マインドマップ」を採用する。
・その日の印象に残った新聞や雑誌の記事、写真を貼り付ける。コラージュ風の日記を作成する。
・テーマごと（「仕事」「マネー」「人間関係」など）に自分の考えを書くノートをつくる。
・家族や親しい友人に、その日の出来事や意見を書き込んでもらう。

□テクノロジーを利用する

・ブログに、日常風景の写真や、好きな言葉、日々の思考を記録する。
・音声や動画で、自分の人生や夢を記録する。
・SNSにその日の出来事を投稿して、友人や大勢の人たちと共有する。

成功者の習慣 92

立ち止まり、新しい自分を探している

Lose yourself ... and find yourself again

成功する人は「一時停止」して自分を見つめ直し、成功しない人はズルズルと現実に流される

「道を見失い、決断できなくなったときは、じっと立ち止まり、一呼吸入れる」

——キム・キャトラル（イギリスの女優）

私たちはときどき、迷子になります。人生の節目や岐路に差しかかり、自分がどこへ向かっているのか、何をしているのかがわからなくなるのです。突然、これから進むべき道がわからなくなるのは恐ろしいことです。それは様々な形をとって、私たちに襲いかかります。思春期、結婚、転職、加齢、失業、離婚、子供の自立、死別、退職。抱えている問

題が多すぎて、頭がいっぱいになってしまっている状態。これは正常な反応であり、そうなるのはあなた一人ではありません。作家のヘンリー・ソローは、「人は、道を見失うまで自分自身を真に理解できない」と書いています。人生の道に迷っても問題はありません。それは心が、「次に何をするのか」を決定するために情報を集めようと、立ち止まっているだけなのです。荷物の重さに耐えられなくなったので、心が急ブレーキを踏んでいるのです。たいていの人にとって、これは本当の自己に戻るための方法を見つける前の一時的な状態です。しかし、人によっては深刻な症状が出ることもあります。自分の力ではどうしようもないと思ったら、精神状態が悪化する前に、専門家に診てもらうことを検討しましょう。

成功のための格言

人生の道に迷っても問題はない。それは心が、「次に何をするのか」を決定するために情報を集めようと、立ち止まっているだけだ。荷物の重さに耐えられなくなったので、心が急ブレーキを踏んでいるのだ

Feeling lost is OK.

Put it into action

実践しよう！

□「一時停止」ボタンを押す

私たちは自分を見失ったとき、何かをしてその空白を埋めようとしてしまいがちです。しかし、心理学者のロロ・メイが言うように、「道に迷ったときに速く走ろうとするのは、人間の皮肉な習慣」なのです。人は、何もわからず、何もしない状態でいるのを嫌います。そのため、深く考えずにとりあえず何かをすることでその空白を埋めようとするのです。実際には、このときにとるべき最善の行動は、「一時停止」ボタンを押すことです。立ち止まることで、次から次へと解決策や不安が頭に浮かんでくるのを防ぐことができます。道に迷ったということは、あくせくするのをひとまずやめて、一呼吸置くべき重要な時がきたということなのです。ゆっくりと深呼吸をしましょう。

□新しい自分を探す

「一時停止」ボタンが押されているあいだ、じっくりと次の質問の答えを考えてみましょう。

- **なぜ今、こんな気持ちになっているのか？**
- **道を見失ったと感じているのは、何が変わったからなのか？**
- **今、すべきことは何か？**
- **今後に取り得る選択肢は何か？　自分はどこに進みたいのか？**

簡単には答えは見つからないでしょう。納得できる答えが見つかるまでには、数カ月かかることもあります。準備が整ったら、冷静によく考えて、これからとるべき行動を決めましょう。大きな日標を設定する必要はありません。単に進むべき方向を指し示すものでいいのです。

成功者の習慣
93

最悪の事態を予測している

Plan ahead

成功する人は最悪の事態を想定しながら計画を立て、成功しない人はただ最善を期待する

「最善の結果を期待し、最悪の事態を想定した計画を立て、人が驚くような準備をしよう」

――デニス・ウェイトリー（アメリカのモチベーショナル・スピーカー）

あなたは、事前に計画を立てておくのが好きですか？　それとも、その場の自由な考えに従って行動するのが好きですか？　たとえば雨が降りそうな日に傘を持って出かけるのを忘れるなど、誰にでも起こり得る悪いことに備えた計画を立て忘れて、小さな失敗をすることがあります。しかし、人生の大きな決断に際したときには、計画を立てるべきです。

誰にでも両方の資質がありますが、人は計画派と行動派のどちらかに分類できます。どちらのタイプであれ、大切なのは、この計画と行動のバランスをとることです。何かをするとき、私たちの心は常に次の二つの考えのあいだを行き来しています。

1. 目の前のチャンスに飛びつき、ポジティブな側面に目を向けて猪突猛進する。

2. あらゆるネガティブな側面を検討し、万一に備えた計画を立てる。

完璧なバランスはありません。楽観的に前進しようと思える日もあれば、慎重になりリスクを避けようとする日もあります。確実に言えるのは、成功をつかむには、計画と行動の最適な組み合わせが重要だということです。先回りして計画を立て、目標と優先順位を設定しておくことで、必要なタイミングで行動がとりやすくなります。

成功のための格言

確実に言えるのは、成功をつかむには、計画と行動の最適な組み合わせが重要だということだ

It's the combination of planning and spontaneity that brings success.

Put it into action

実践しよう！

□計画を立てる習慣を身につける

何かをするときは、起こり得る悪い結果について想像することを習慣にしましょう。契約を結ぶときは、出口戦略も考えます。物事が計画どおりに進まなかったときにどうすればよいかを、事前に検討しておくのです（もちろん、人生でもっとも胸が高鳴り、記憶に残るような瞬間の中には、事前に計画を立てられないものもあります。自分の直感を信じて、思い切って行動しなければならないときもあるのです）。

□自分の死に備える

自分が死んだとき、残された人たちが物事をできるだけ速やかに進められる方法を考えておきましょう。

・遺産の処理がしやすくなるように、書類の保管場所、銀行口座のアカウントやパスワードなどを明記しておく。
・遺言を準備する。
・生命保険など各種保険に加入しておく。

成功者の習慣
94

「死ぬまでにやりたいことリスト」をつくり、一つずつ減らしている

Tick off your bucket list

成功する人はやりたいことを「今」していて、成功しない人は「いつか」しようと思っている

「いつか、目を覚まし、長いあいだ望んでいたことをする時間がないと気づく日がやってくる。だから、やりたいことは今すぐに始めよう」

——パウロ・コエーリョ（ブラジルの作詞家）

あなたにとって、死ぬまでにこれだけはやっておきたいことは何ですか？　ウェブサイト「バケットリスト」(https://www.bucketlist.net/) には、大勢の人々を対象に実施された、

「死ぬまでにやりたいこと一〇個」のアンケート調査が記載されています。トップ一〇には、たとえば次のような項目が並んでいます。

1. オーロラを見る
2. スカイダイビングをする
3. タトゥーを入れる
4. イルカと泳ぐ
5. 船旅をする
6. 結婚する
7. フルマラソンを走る
8. ジップライン（木々の間に張られたワイヤーを滑車ですべり降りていく遊び）をする
9. 象の背中に乗る
10. スキューバダイビングをする

このリストからはっきりとわかるのは、人は「モノ」ではなく「経験」を大切にしているということです。もちろん、このようなリストの中には、実現にお金がかかるものもあります。でも、その気になれば今すぐにでも実行できるものもあります。フルマラソンを完走したいのなら、トレーニングウェアとシューズがあれば今日からでも練習を始められます。

世の中には、自らを犠牲にしてまでも、家族やパートナー、友人の夢や願望の実現をサポートしている人もいます。もちろん、こうした行為には大きな価値があります。しかし、他人の夢の実現を助けるためだけではなく、自分のためにも時間を費やすべきなのです。

映画『ショーシャンクの空に』には、次のような名台詞があります。「実に簡単な選択だ。やりたいことをするために必死に生きるか、死ぬことばかり考えて過ごすか」。今こそ、あなた自身の「死ぬまでにやりたいことリスト」の実現という夢を追いかけるときです。

成功のための格言

今こそ、あなた自身の「死ぬまでにやりたいことリスト」の実現という夢を追いかけるときだ

Get busy working through your own bucket list.

Put it into action

実践しよう！

□自分の「死ぬまでにやりたいことリスト」をつくる

難しいことではありません。死ぬまでにやりたいことを一〇個、書き出しましょう。自分が地球上からいなくなる前に、何をしておきたいですか？　自分のリストだけではなく、大切な人と一緒にリストをつくり、共に夢や目標の実現を目指すのはとても楽しいことです。次の休暇旅行を計画しましょう。

□リストを他人と共有する

「死ぬまでにやりたいことリスト」を他人に公開すると、自分にプレッシャーをかけられます。身近な人に宣言してもよいですし、インターネットやＳＮＳなどでリストを公開してもよいでしょう。

□慈善活動で他人の夢を支援する

あなたが幸運で、すでに自分のリストの大半を実現させているなら、他人の夢の実現を助けてみましょう。そのための手段はたくさんあります。たとえば慈善活動や寄付を通じて、難病と闘う子供たちの夢の実現をサポートできます。

成功者の習慣
95

環境に良い生活をしている

Help sustain the planet

成功する人は地球を大切にし、
成功しない人は環境を守ることに無関心

「未来の人々が現代を振り返ったとき、それは人々が地球環境を守るために全力を尽くした時代だったと語られてほしい。そしてその意義は、誰もが想像し得なかったほど大きいものだったと」

――ボノ（アイルランドのロックバンド、U2のボーカリスト）

近年では、「地球環境問題は、もう後戻りできない地点に近づいている」という意見が聞こえるようになっています。それが事実であるかどうかはともかく、人間活動によって環境に大きな変化が起こっていることは間違いありません。

・毎年、世界中で五〇〇〇億個から一兆個のビニール袋が廃棄されていると推定されている。これらは分解に何世紀もかかる。
・地球全体で、毎日サッカー場一〇万コートに相当する面積の熱帯雨林が消滅している。
・ある研究によれば、アメリカでは湖の約四割が、水生生物が生息できないほど汚染されている。
・WWF（世界自然保護基金）によれば、生物種は自然の絶滅率の一〇〇〇倍から一万倍の速度で絶滅している。
・世界の一〇億人以上が、安全な飲み水を得られていない。
・二〇三〇年までに、世界の自動車の数は倍増すると予測されている。

もはや、何もしないという選択肢はありません。私たちがこの前例のない地球規模の変化に対応しなければ、将来の世代は現在と同じようなライフスタイルを維持できなくなるでしょう。次世代のことを考えずに、自分だけの成功に満足していては、真の成功者とは呼べません。

成功のための**格言**

次世代のことを考えずに、自分だけの成功に満足していては、真の成功者とは呼べない

This is a time when doing nothing is not an option.

Put it into action

実践しよう!

□持続可能な生活をする

「私たちは先祖から地球を受け継いだのではなく、子孫からそれを借りたのだ」という、美しいネイティブアメリカンのことわざがあります。私たちは毎日、日々の暮らしを通じて環境に負荷を与えています。私たちが何をするか、しないかという選択は、どれだけ小さなものであっても、地球に何らかの影響を及ぼしているのです。あなたは自分の身の回りの環境や、自分が暮らすこ

の星にどんな影響を与えたいと思いますか？　次のようなことから始めてみましょう。

・ゴミを最小限に抑える。まずは台所から始めてみよう。無駄な食品は買わない。生ゴミから堆肥をつくる。買い物時にレジ袋は使わない。

・新しいものを購入したら、古いモノはチャリティーショップに寄付する。

・ビーチや公園などで実施されている地域の清掃活動に参加する。

・ライフスタイルや移動手段を環境に優しいものにする。ハイブリッドカーに乗り換える。徒歩や自転車、公共交通機関を利用する。自宅にソーラーパネルを設置する。エネルギー効率の良い住宅に住む。自分の生活でどれくらい二酸化炭素が排出されているかを計算する。

成功者の習慣 96

自分以外のものに時間と労力を捧げている

Connect with something bigger than yourself

成功する人は自分以外の何かに奉仕する時間をつくり、成功しない人はいつでも自分を最優先している

「あなたの運命がどうなるかはわからない。私にわかる唯一のことは、本当に幸せになれるのは、誰かに奉仕する方法を探し求め、それを見つけた人たちだ」

——アルベルト・シュヴァイツァー（ドイツの神学者）

我を捨てて、大きなものとつながり、誰かのために何かをするのは、私たちの心の健康のために良いことです。ポジティブ心理学の分野の創始者マーティン・セリグマンは、これは人間の幸福にとって不可欠なものだと主張しています。あなたは何とつながっていますか？　誰のために自分の時間や労力を捧げていますか？　例を挙げます。

- **宗教を信仰する。**
- **自然や地球との強い結び付きを体感する。**
- **恵まれない人たちを支援するための慈善活動に参加する、社会的な活動に取り組む。**
- **家族とできるだけ一緒に過ごし、愛情や豊かさを与える。**

現状では、こうしたつながりを感じていない、誰かのために奉仕する時間を過ごしていないという人もいるでしょう。しかし人は誰でも、自身よりも大きなものの一部になりたい、誰かのために奉仕したいと思っています。自分の殻に閉じこもっていると、こうしたつながりがもたらす一体感は得られません。私がコーチングをしている野心的で多忙なリーダーたちも、コーチングの過程で、自分自身のキャリアや物質的な夢を追うことは、人生で本当に手に入れたいもののほんの一部であることに気づくようになります。

成功のための**格言**

我を捨てて、大きなものとつながり、誰かのために何かをするのは、私たちの心の健康のために良いことである

Connecting to something greater than yourself is good for your mental health and will make you a happier person.

Put it into action

実践しよう！

□対象を探す

自分の時間と労力を有意義に使う方法を探すために、次の質問の答えを考えてみましょう。

- 自分はどんなことに興味があるか？
- 自分と家族のこと以外で、人生において自分にとってもっとも重要なことは何か？

・もし世界に一つだけ変化を起こせるとしたら、何がしたいか？

正解はありません。何かを絶対にしなければならないわけではありません。世界を変えたい、大金を慈善団体に寄付したいと思えなくても、罪悪感を覚える必要はありません。自分が心の底からしたいと思うこと、自分が幸せで充実した気分になることを対象にして、奉仕してみましょう。

□対象は多いほど良い

つながりの数、奉仕対象の数は、多いほど良いと言えます。様々なものとつながるほどに、人生の意義や意味を感じられるようになるでしょう。忙しくてそんな余裕はないと思うかもしれません。しかし皮肉にも、誰かを助けるために多くの時間を費やしているのは、たいてい忙しい人たちなのです。元アメリカ大統領のセオドア・ルーズベルトも、「できるときに、できることをしよう」と述べています。

成功者の習慣
97

古い知識を捨てることができる

Unlearn everything

成功する人は新しい価値観を受け入れることができ、成功しない人はいつまでも過去の知識にこだわり続ける

「新しく何かを学び始めるときは、古い知識や方法を捨てなければならない」

――ウィリアム・ブリッジズ（アメリカの作家）

一説によれば、私たちが大学で学んだことの四割は、一〇年以内に時代遅れになります。現代は情報が簡単に手に入りますが、それらは古びてしまいます。そこで求められるのが、古い知識にしがみつくことなく、新しい知識を吸収する能力です。

学ぶことそれ自体は特に難しくありません。誰にも自分なりの学びのスタイルがあり、日々の暮らしの中で、製品の取扱説明書を読んで使い方を理解したり、新たな状況に合わせて方法を覚えたりしています。難しいのは、何かを学ぶときに、古い知識を捨てなければならないことです。私たちは過去に固執し、古い知識や考えをなかなか手放せません。しかし私たちは日々、「自分は知っている」「物事はこうあるべきだ」という時代遅れの考えを捨てなければならない場面に遭遇しているのです。

古い知識や考えを手放せることは、二一世紀を生きる私たちにとって不可欠の能力です。時代遅れになった知識や考えをすみやかに手放し、素直に新しいことを学べる人こそが、時代を制するのです。

成功のための**格言**

時代遅れになった知識や考えをすみやかに手放し、素直に新しいことを学べる人こそが、時代を制する

Unlearning is the knowledge battleground of the twenty-first century...

実践しよう！

Put it into action

□時代遅れになったものを捨てる

古い知識や考えを捨てることは、ハードディスクの古いファイルを削除して新しいファイルのためのスペースを空けたり、リビングルームを改装するために家具を動かして古い壁紙を剥がしたりするのと似ています。私たちは過去の成功体験にとらわれ、それが未来にもずっと有効であり続けると仮定してしまいがちです。しかし、物事は常に変化しています。真の成功者とは、自らの知識に絶えず疑問を投げかけ、矛盾を受け入れ、常に学ぶことができる人なのです。

□先入観を捨てる

何か新しいことをする前に、古い考えに基づいたアイデアや仮定、期待で頭をいっぱいにしてはいけません。マインドセットを変え、先入観を捨てて、新しいものとの出合いを、驚かされ、挑まれ、落胆させられ、考えを改めさせられるような体験にするのです。

成功者の習慣
98

メンタリングを実践している

Mentor others to success

成功する人は師から学び、成功しない人は自分で何でもできると思っている

「メンタリングは世代や階級、人種を超えて人々を結びつける。キング牧師はこう言った。『すべての命は、相互に依存し、運命という名の布で結ばれている』」

――マーク・フリードマン（アメリカの企業家、作家）

成功の秘訣は、他人の目標達成を助けることです。あなた自身も、これまでの人生において、両親や祖父母、家族、友人、師、同僚など、様々な人たちに助けられ、導かれてきたはずです。ただ話をする、質問に答える、手本を示すといったことをしているだけで、はっ

きりとした自覚がなく、あなたを導いた人もいるかもしれません。側にいるだけで、落ち着きや親切心、辛抱強さなど大切なことを教えてくれる人もいます。

メンタリングは、他人だけではなく、自分のためにもなります。その方法は多種多様です。自分が体験したことのある人生の問題（失業や離婚、病気）について誰かの相談に乗ったり、アドバイスをしたりすることもできるでしょう。他人の成長を促すサポートもできます。

成功のための**格言**

メンタリングは、他人だけではなく、自分のためにもなる

Mentoring is an important way to help others and to help yourself at the same time.

Put it into action

実践しよう！

□積極的にメンターになる

何かを習得する最善の方法は、それを人に教えることです。教えることが、自分にとっての大きな学びになるのです。定期的に、誰かに何かを教える時間を持ちましょう。人生経験や常識に基づいたものでもかまいません。就職の面接に臨む友人、離婚の危機に悩む同僚がいたら、相談に乗りましょう。自分の専門分野について誰かに指導するのもいいでしょう。学校での子供への読み聞かせなど、メンターが必要とされている取り組みに参加するという方法もあります。

□誰かにメンターになってもらうことも忘れない

自分が誰かにメンターになってもらうことも考えましょう。どんな助言や指導をしてもらいたいですか？　恥ずかしがる必要はありません。人は誰かを導き、アドバイスをすることが好きです。そうすることで自分は価値や専門性がある、重要な人間だと感じられるからです。

成功者の習慣 99

「人の記憶に残りたい」自分を目指している

Leave a legacy

成功する人は死んだ後にどんな人間として記憶されたいかを意識し、成功しない人は目の前の成功にとらわれている

「我々の世代の遺産は、グローバルな問題に対して子供たちの世代がどのような成果を上げ、どのように大胆な態度で問題に立ち向かうことができたかで定義される」

――ナビーン・ジャイン（インドの企業家）

自分の葬式をこっそり覗けるとしたら、参列者はどんな話をしていると思いますか？ それは、あなたの自慢の車や家、ゴルフの会員権の話ではないはずです。人々は、あなたの性格や行動、考え方について話をしているはずです。あなたの人との接し方、寛大さや誠実さ、優しさなどを偲んでいるはずです。シェークスピアは、「誠実さほど豊かな遺産はない」と語りました。ビル・グラハムは、「家族に残せる最大の遺産は物質的な富ではなく、私たちの人格と信仰である」と述べました。

あなたは、亡くなった肉親や友人のことをどんなふうに覚えていますか？　私は、祖父がいつも一緒にいてくれたこと、祖母がいつも私を励ましてくれたことを思い出します。

遺産は、あなたが死んだ後に残すものだけではありません。意図しているかどうかにかかわらず、私たちは人生の様々な場面で遺産を残しているのです。職場や学校、住居を変えるたびに、私たちは遺産を残します。この「ミニ遺産」が、残された人々にとってポジティブなものであるようにしたいものです。

成功のための**格言**

職場や学校、住居を変えるたびに、私たちは遺産を残す。この「ミニ遺産」が、残された人々にとってポジティブなものであるようにしたいものだ

...make sure that all your legacies, big and small, are positive for the people left behind.

Put it into action

実践しよう！

□周りに自分を評価してもらう

家族や友人、同僚などに、次のことを尋ねてみましょう。

- 「もし私が突然いなくなったら、どんな人間だったとして記憶する？」
- 「私の名前を聞いたとき、何を連想する？」
- 「私の良い面、悪い面を言葉で表すとしたら？」
- 「私はあなたの考え方や感情、行動にどんな影響を与えた？」

笑顔を浮かべながら静かに耳を傾け、正直な意見を述べてくれたことに感謝しましょう。耳が痛くなるような言葉を耳にしても、相手を咎めたりしてはいけません。

□「人の記憶に残りたい自分」として振る舞う

人にどう思われているかを率直に尋ねると、その結果に驚かされるかもしれません。そして、自分は完璧な人間には程遠いということに気づかされるかもしれません。自分がいなくなったときに、職場や家庭、世間一般からどんな人間だと記憶されたいかを考えましょう。

これまでに培ってきた自分のイメージと、あなたが記憶してもらいたい自分のイメージとのギャップを探ります。

ギャップを分析することで、改善すべき行動や習慣、性格、態度が明らかになるでしょう。

これまでの人生で、他人に良い印象を与えていないことに気づいたとしても、大丈夫です。自らの過ちを認め、必要ならば謝罪し、行動を改める限り、あなたは人々の見方を変えられるのです。周りの人に、あなたから愛された、大切にされた、話を聞いてもらえたと感じさせるように努めましょう。そのためには、本心からそう思って接しなければなりません。詩人のマヤ・アンジェロウは、こう述べています。「人はあなたが言ったことを忘れる。あなたがしたことも忘れる。でも、あなたについてどう感じたかは決して忘れない」

成功者の習慣
100

悔いのない人生を送ろうとしている

Regret nothing

成功する人は生きているうちにやりたいことをやろうと努力し、成功しない人はやらない言い訳を探している

「祖父は生きているうちにやりたいことをすべて叶えたので、空っぽで亡くなった。それが、私が得た最大の教訓だ。ただ遺産を残すだけではなく、何ひとつ後悔せずに死ぬ。それは成功の最大の証しだと思う」

——マーヴィン・サップ（アメリカのゴスペル歌手）

地球上には、実に様々な人間が生きています。にもかかわらず、死ぬときには、私たちはみな同じように後悔をします。

長年、死が間近に迫っている大勢の患者の世話をしてきたオーストラリアの看護師は、これらの人々との会話の中で、人生で何についてもっとも後悔しているかを探ってきました。そのうちの上位五つは、次のようなものでした。

1．他人に期待された人生ではなく、自分が本当に望む生き方をする勇気を持ちたかった。
2．働きすぎなければよかった。
3．周りに合わせるために自分の感情を抑えたりせず、感じたことをもっと表現すればよかった。
4．もっと友人と多くの時間を過ごしたかった。昔の友人ともっと連絡をとればよかった。
5．もっと幸福感を味わい、笑えばよかった。人生を真剣に受け止めすぎなければよかった。

死ぬ間際の後悔は、私たちが毎日をどう生きるかとつながっています。私たちはしょっちゅう過去を振り返っては、昔の自分がした選択や行動に不満を抱きます。「人生の終わりに後悔しない」という大切なミッションを、今日から始めましょう。

成功のための**格言**

「人生の終わりに後悔しない」という大切なミッションを、今日から始めよう

Your mission to have no regrets at the end of your life starts today.

Put it into action

実践しよう！

□言い残していた言葉を伝えよう

愛や感謝の気持ちを伝え切れていない人はいないでしょうか？　悲しませたり苦しませたりした人は誰でしょうか？　その人たちとつながり、過去の過ちについて謝ったり、長年の感謝を伝えたり、「愛している」という言葉をかけたりしましょう。勇気がないのなら、相手に会わないことから生じる後悔と、会うことの辛さのどちらが大きいかを比べて、よく考えてみましょう。

□本当にしたいことは何かを考える

身近な人のために、あるいは自分が選んだ生き方のために、ずっと我慢をしてきたことはないでしょうか？

私はこの本が、あなたが人生最後の瞬間を迎えたときに後悔することなく、生きているうちにやりたいことに挑戦するための新たな自信を与えたことを願っています。それが、この本があなたに残す遺産になることを。

あとがき

私は六カ月かけてこの本の草稿を書き、さらに六カ月かけて出版社のジョン・マレー・ラーニングの素晴らしいチームと共に、読者の皆さんが今手にしている刺激的で活気に満ちた本をつくり上げました。

この一二カ月間の産みの苦しみの中で、私は「一〇〇個の習慣のリストを通じて、成功の秘訣を解き明かす」という質問に答えることの難しさに気づきました。今の私には、「芸術は決して完成しない。いずれかの時点で見切りをつけなければならない」というレオナルド・ダ・ヴィンチの言葉をよく理解できます。この本の中には、内容が重なっているものがあること、複数のテーマを含んでいるものがあることに気づいた人もいるかもしれません。なぜなら、成功や人生は、一〇〇個の概念に完全に分類するには複雑すぎるからです。この本をここまで読み進めた読者の皆さんが、本書で紹介した一〇〇個の習慣を自分なりに組み合わせて、成功の実現に役立てられることを願っています。

執筆や校正をし、担当編集者のイアイン・キャンベルと議論をする中で、本書で紹介した「一〇〇の習慣」に、成功に欠かせない次の二つの習慣を加える必要があることに気づきました。

1．常に犠牲を払う準備をしている
2．何が起ころうと、人生は続くと心得ている

順番に見ていきましょう。

常に犠牲を払う準備をしている

「優秀な人と偉大な人を分けているのは、何かを犠牲にすることの意志があるかどうかだ」

——カリーム・アブドゥル・ジャバー（アメリカの元プロバスケットボール選手）

もし私が個人的なモットーを持っているとしたら、それは「常に犠牲を払う準備をする」です。長年、このことを意識してきたつもりでしたが、その大切さを本当に実感したのは、八冊目の著書となるこの本を執筆していた一二カ月間のことでした。調べ物と考察と入力に費やした夜と週末がついに終わったことを、とても嬉しく思います。この間、自分が執筆のために多くの犠牲を払ったことに気づいたのは、その後のことでした。友人からの誘いや人が集まる機会を断り、新規と既存のクライアントと連絡をとる機会も逃しました。「成功を導く習慣」についての自分の考えを世の中に発表する試みのために、私は本業であるコーチングとトレーニングビジネスに費やす時間とエネルギーを削らなければなりませんでした。経済学では、これは「機会費用」と呼ばれます。二兎を追う者は一兎をも得ず、というわけです。

あなたは成功を追い求めるために、何を犠牲にしてもかまわないと思いますか？

この本の最後に、この質問についてよく考えることには大きな意味があるでしょう。

何が起ころうと、人生は続くと心得ている

「人生で学んだすべては、三語で表せる。人生は続く（ライフ・ゴーズ・オン）だ」

——ロバート・フロスト（アメリカの詩人）

この本の執筆に費やした一二カ月間、私は何度も人生の苦しみや悲しみを味わいました。それらは「不成功」の瞬間とも呼ぶべきものでした。

・最近、息子の友人が、GCSE試験の最中に死亡した。
・友人が、経営している設立一五年、従業員数百人規模の会社が倒産し、全財産を失う危機に立たされている。
・親の友人の何人かが、何年もの闘病の後に亡くなった。
・友人の妻が後期がんと診断された。
・私の弟が離婚した。
・私の長年のクライアントが突然解雇され、その後数カ月も新しい勤め先を探しているが、まだ見つかっていない。

あなたもこの先、このような体験をすることがあるでしょう。そのような苦しく、悲しい瞬間は、目標や夢を達成するための計画が、一〇〇万光年先の遠くにあるように感じられます。痛みや驚き、恐れ、涙への対処、他人の支援のために時は流れていきます。とてもではないですが、自分の夢を追い求めることなどできません。

しかし、引用したロバート・フロストの言葉が雄弁に物語っているように、人生は続きます。**どれだけ悲しい出来事があっても、時間が経てば、私たちはまた夢や目標を追い求め、成功への道を歩むことができるようになるのです。**そして、味わった痛みや悲しみ、苦しみは、深い知恵となって再び道を進み始めたあなたの力になってくれるのです。そして、あなたにとって大切なものも時の経過と共に変わっていきます。平和で健康的な生活を望んでいたのが、新しいスポーツカーを買うという夢にかわっているかもしれません。

最後に、あなたの成功への旅についてぜひ私にお話しください。リンクトインやフェイスブックで私とつながりましょう。私のメールアドレスは「nigel@silkroadpartnership.com」です。

訳者あとがき

「成功する人は、普段からどのようなことを考え、どのような行動をとっているのだろう？」

そのような疑問を心に浮かべたことがある人は、多いのではないでしょうか。

本書はまさにそのような疑問に答える一冊です。リーダーシップ・コーチングやメンタリングの分野で国際的に活躍し、香港・ブダペスト・サンチアゴ・上海・ドバイなどでの豊富な海外経験を持つイギリス人の著者が、長年のコーチングや人間観察の経験から導き出した成功者に共通する一〇〇個の習慣を、わかりやすく、実践しやすい形で読者に提供します。

著者は成功を、仕事や経済的豊かさといった尺度のみでとらえているのではありません。家族や大切な人たちと愛情豊かで良好な関係を築き、他人に親切にし、心身の健康を維持して充実した人生を送ることを真の成功とみなすべきだと主張しているのです。

選び抜かれた一〇〇個の習慣のエッセンスが、関連する古今東西の名言も織り交ぜながら簡潔に紹介されます。成功しない人が陥りやすい思考・行動のパターンも指摘されます。この習慣を私たちが生活に取り入れていくための具体的な実践方法のヒントも教えてくれます。

それぞれのトピックは短すぎず長すぎずの絶妙な長さに収められ、著者の軽妙な語り口もあって、何度も繰り返し読みたくなるような親しみやすさに溢れています。ぜひ、折に触れて手に取り、気になったトピックを心に留めて、力まず少しずつ良い習慣を身につけてみてください。

制作期間中、本書を企画し、編集を担当していたダイヤモンド社書籍編集局の飯沼一洋氏が逝去されるというとても悲しい出来事がありました。その後、同編集局の土江英明氏に編集作業を引き継いでいただきました。

人として正しい道を歩み、周囲に優しくし、努力を惜しまず常に成長を目指す——本書には、自己啓発書を中心に数々のヒット作を世に送り出してきた飯沼さんが読者のみなさまにいつも伝えたがっていたメッセージの真髄が込められているように感じます。

本書が読者のみなさまにとって素晴らしき人生のガイドブックとなり、末永く役に立つものになりますことを、心より祈っています。

児島　修

［著者］
ナイジェル・カンバーランド（Nigel Cumberland）
作家、リーダーシップ・コーチ。
1967年、イギリスのヨーク生まれ。ケンブリッジ大学卒業。世界最大級の人材サービス会社Adeccoや世界3大ミシン糸メーカーCoats plcで財務部長を務めた。シルクロード・パートナーシップの共同創立者。ロンドンとドバイを拠点に、同社を通じて企業幹部を対象にリーダーシップ・コーチングやメンターリングをおこなう。ハーバード大学メディカル・スクール付属コーチング養成機関の創立研究員でもある。これまで香港・ブダペスト・サンチアゴ・上海・ドバイで暮らし働いた経験から人生で成功するヒントを得た。出版した8冊の著書は、ドイツ・中国・ポルトガル・スペイン・ロシア・チェコ・スロバキア・ルーマニア・ドバイをはじめとする中東諸国・ブラジルなどの各国で翻訳されている。

［訳者］
児島 修（こじま・おさむ）
英日翻訳者。1970年生まれ。立命館大学文学部卒業（心理学専攻）。訳書に『自分を変える1つの習慣』『脳にいい食事大全――1分でアタマがよくなる食事の全技術』『天才の閃きを科学的に起こす 超、思考法――コロンビア大学ビジネススクール最重要講義』（いずれもダイヤモンド社）、『やってのける』『自分の価値を最大にするハーバードの心理学講義』（いずれも大和書房）などがある。

成功者がしている100の習慣

2020年9月8日　第1刷発行
2024年6月12日　第12刷発行

著　者――ナイジェル・カンバーランド
訳　者――児島 修
発行所――ダイヤモンド社
〒150-8409　東京都渋谷区神宮前6-12-17
https://www.diamond.co.jp/
電話／03·5778·7233（編集）　03·5778·7240（販売）
装丁――――重原 隆
本文デザイン·DTP――中井辰也
製作進行――ダイヤモンド・グラフィック社
印刷――――ベクトル印刷
製本――――ブックアート
編集協力――依田則子
編集担当――土江英明

ISBN 978-4-478-10613-6